Hititas

Una fascinante guía del antiguo pueblo de Anatolia que estableció el imperio hitita en la antigua Mesopotamia

© Copyright 2020

Todos los derechos reservados. Ninguna parte de este libro puede ser reproducida de ninguna forma sin el permiso escrito del autor. Los revisores pueden citar breves pasajes en las reseñas.

Descargo de responsabilidad: Ninguna parte de esta publicación puede ser reproducida o transmitida de ninguna forma o por ningún medio, mecánico o electrónico, incluyendo fotocopias o grabaciones, o por ningún sistema de almacenamiento y recuperación de información, o transmitida por correo electrónico sin permiso escrito del editor.

Si bien se ha hecho todo lo posible por verificar la información proporcionada en esta publicación, ni el autor ni el editor asumen responsabilidad alguna por los errores, omisiones o interpretaciones contrarias al tema aquí tratado.

Este libro es solo para fines de entretenimiento. Las opiniones expresadas son únicamente las del autor y no deben tomarse como instrucciones u órdenes de expertos. El lector es responsable de sus propias acciones.

La adhesión a todas las leyes y regulaciones aplicables, incluyendo las leyes internacionales, federales, estatales y locales que rigen la concesión de licencias profesionales, las prácticas comerciales, la publicidad y todos los demás aspectos de la realización de negocios en los EE. UU., Canadá, Reino Unido o cualquier otra jurisdicción es responsabilidad exclusiva del comprador o del lector.

Ni el autor ni el editor asumen responsabilidad alguna en nombre del comprador o lector de estos materiales. Cualquier desaire percibido de cualquier individuo u organización es puramente involuntario.

Índice de contenido

INTRODUCCIÓN 1
   Vacíos en el conocimiento *1*
   ¿Cómo sabemos de los hititas? *2*
   El Legado de los Hititas *3*

CAPÍTULO 1 - EL ORIGEN DE LOS HITITAS EN LA EDAD DE BRONCE 4
   ¿Qué Fue la Edad de Bronce? *4*
   Movimiento hacia Anatolia *5*
   Escritura Cuneiforme *7*
   El Hitita Promedio *9*
   Gobierno *10*
   Establecimiento de un Reino Hitita *11*

CAPÍTULO 2 - LA FORMACIÓN DEL REINO ANTIGUO, 1700 - 1500 A. C. 13
   Hattusili I y Mursili I *13*
   Monarcas ineficaces y decadencia *15*
   Telipinu *16*
   La fase oscura *17*
   El Corto Reino Medio *18*
   Tudhaliya I *19*
   Suppiluliuma I *20*
   Mursili II *25*

CAPÍTULO 4 - LA CAÍDA DE LOS HITITAS 27
   Conflicto con Egipto *27*

El Azote Asirio *30*
Matrimonio y Alianza con Egipto *31*
El Regreso de los Asirios *31*
Los Pueblos del Mar *32*
El golpe final *33*

CAPÍTULO 5 - LOS REINOS DE LA SIRO-HITITA O NEO-HITITA 35

Las diferencias entre el Reino Antiguo Hitita y el Neo-Hitita *35*
Iconografía y Arquitectura *37*
La Influencia Aramea y Luviana Continúa *38*
El Imperio Neo-Asirio *39*

CAPÍTULO 6 – ARTE, SIMBOLISMO Y PAPEL EN LA BIBLIA 45

Animales *45*
Relieves de Piedra *46*
Hititas en la Biblia *48*

CAPÍTULO 7 - VIDA LEGAL Y COTIDIANA DE LOS HITITAS 51

Vivienda *51*
Vestimenta *52*
Medicina *53*
Comida *54*
Evolución de la ley *55*

CAPÍTULO 8 - ESTRUCTURA MILITAR 58

El Sistema Feudal *58*
Los Efectos del Sistema Feudal *59*
Introducción a la Batalla de Qadesh y el Sistema Decimal *59*
La Falange *61*
Municiones y Armamentos *61*
Explicación de la Batalla de Qadesh *63*

CAPÍTULO 9 – LOS RITUALES Y LA MITOLOGÍA DE LOS ANTIGUOS HITITAS 66

La Jerarquía de los Dioses *67*
Kumarbi *68*
Tarhunt *69*
Arinna *71*
Telipinu *72*
Cultos y Sacerdotes: La Estructura de la Religión Hitita *73*

CONCLUSIÓN - ¿POR QUÉ SON LOS HITITAS IMPORTANTES? 77

Introducción

¿Quiénes fueron los hititas? Mucha gente podría reconocer su nombre en varias historias de la Biblia Cristiana, pero también tenían toda una cultura e historia basada en su hogar en Anatolia. Desafortunadamente, toda esta civilización se perdió hasta que los desarrollos del siglo pasado revelaron que no era un reino mitológico de la Biblia, sino una cultura genuina y floreciente que había sido sepultada por el tiempo.

Vacíos en el conocimiento

Debido a que los hititas son una civilización extremadamente antigua, los arqueólogos e historiadores se enfrentan a dificultades cuando intentan encontrar la verdad sobre su historia, cultura, éxitos y fracasos. Muchos documentos se han perdido en las arenas del tiempo, asumiendo que fueron escritos en primer lugar. La mayoría de las personas eran analfabetas y no podían registrar las cosas que veían, pensaban o hacían regularmente. La información que se escribía no siempre se almacenaba, ya que muchos escribanos utilizaban placas o láminas de arcilla que podían borrarse fácilmente al suavizar el material. Solo cuando se horneaba, una tabla podía sobrevivir.

Otro problema para identificar la información es la gran cantidad de idiomas que dominaban en Anatolia. Los hititas tenían una tendencia a prestar y tomar prestadas sus palabras, así como sus prácticas, y los historiadores y lingüistas tienen dificultades para identificar cómo se desarrolló su lenguaje a lo largo del tiempo. Aun así, se descubrió que los hititas tenían su propio idioma indoeuropeo escrito en cuneiforme. Muchos de estos registros han sido descubiertos, pero como se mencionó antes, muchos otros siguen estando desaparecidos para siempre.

¿Cómo sabemos de los hititas?

A pesar de tener más de 4.000 años de antigüedad, la mayor parte del conocimiento sobre la civilización hitita no llegó al público moderno hasta el siglo pasado. Aunque las primeras ruinas fueron descubiertas en 1834, el erudito francés que las encontró no se dio cuenta de su origen. Otra evidencia sobre la posibilidad de que los hititas fueran reales, y no solo las figuras mencionadas en la Biblia, apareció cuando las tablillas asirias comenzaron a mencionar a un grupo de personas de un lugar llamado Hatti. También se encontrarían registros en Egipto que hacían referencia a un reino de Kheta. Los eruditos relacionaron a Kheta con Hatti y eventualmente con los hititas bíblicos. Esta teoría fue aceptada a finales del siglo XIX y dominaría durante el siglo XX, cuando se dio a conocer la mayoría de los conocimientos hititas.

El arqueólogo Hugo Winckler descubrió la clave más importante para el conocimiento de los hititas: un archivo real con más de 10.000 tablillas de arcilla inscritas en cuneiforme y en una lengua desconocida que coincidía con una descubierta en las obras asirias y egipcias. Con el tiempo, los profesionales determinaron que las ruinas recientemente desenterradas en Boğazköy, Turquía pertenecía a un grupo que controlaba la zona y la región circundante, lo que indicaba que en Siria faltaba una potencia que no se conocía. Winckler también probó que las ruinas eran parte de una ciudad capital, que más tarde se revelaría como el centro hitita de Hattusa.

A partir de 1907, las excavaciones arqueológicas dirigidas por el Instituto Arqueológico Alemán han estado en marcha en y alrededor de Boğazköy. Hubo algunas interrupciones durante la Primera y Segunda Guerra Mundial, pero los estudiosos han podido descubrir más registros, sitios de entierro, piezas de arte y relieves de piedra pertenecientes a los hititas desde la interrupción. Es a partir de estos hallazgos que el público contemporáneo puede vislumbrar la compleja y a veces confusa sociedad que dominó la antigua Siria durante la Edad de Bronce.

El Legado de los Hititas

A pesar de ser militarista, el legado duradero de los hititas es uno de diplomacia, comercio y sincretismo. Los documentos indican que los gobernantes hititas fueron algunos de los primeros en llevar a cabo una forma de diplomacia internacional entre los muchos pueblos que ocupaban Anatolia. Tampoco estaban dispuestos a enviar rutas comerciales a zonas particularmente peligrosas para evitar la pérdida innecesaria de vidas humanas, sin importar cuán valiosos pudieran haber sido los recursos. Aunque este enfoque varió según el monarca a cargo, los hititas crearon un precedente permanente de relaciones diplomáticas en Extremo Oriente y Asia Menor. Por estas razones, así como por el sincretismo cultural y religioso de los hititas, continúan siendo una de las civilizaciones antiguas más influyentes de principios de la Edad del Bronce y merecen un lugar en la historia.

Capítulo 1 – El Origen de los Hititas en la Edad De Bronce

¿Qué Fue la Edad de Bronce?

Los historiadores frecuentemente dividen la historia antigua en tres períodos llamados la Edad de Piedra, Bronce y Hierro. Cada período describe los pueblos que estuvieron alrededor y los eventos que ocurrieron mientras los antiguos humanos usaban herramientas y armas hechas de cada uno de los tres materiales. Las culturas del Cercano Oriente y el Sur de Asia llegaron a la Edad de Bronce alrededor del 3300 a. C., y pasaron a la siguiente etapa en el 1200 a. C. Durante esta época, las civilizaciones fueron capaces de producir bronce a través del proceso de fundición de cobre y aleación con arsénico o estaño, o intercambiaron por armas y herramientas de bronce con otras culturas.

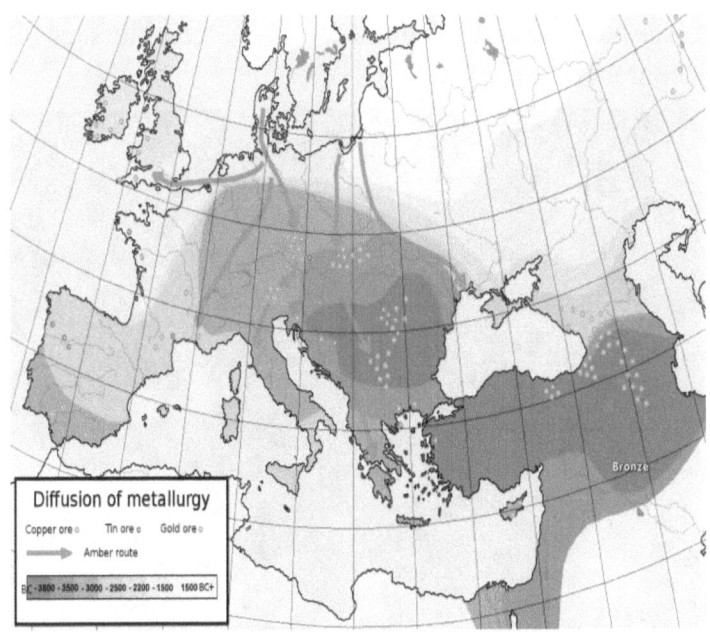

La difusión de la Metalurgia en el Cercano Oriente y Europa

Como se ve en el mapa anterior, la región donde vivían los hititas fue una de las primeras en entrar en la Edad de Bronce. Establecieron su civilización en Anatolia, que era una zona de Asia Menor donde existe la actual Turquía. Había numerosas fuentes de mineral de cobre que podían ser extraídas para formar suficientes armas para apoyar un ejército. Los hititas habrían estado cerca de varias de estas áreas. Los estudiosos encontraron evidencia que apoyaba la idea de que los hititas eran excelentes herreros que se las arreglaban para producir y refinar el bronce y crear armas robustas que ayudarían a sus militares a extender su civilización por toda Anatolia. La civilización continuó existiendo en esta región durante la transición a la Edad de Hierro, mostrando poco movimiento después de su inmigración inicial a la zona.

Movimiento hacia Anatolia

Los hititas fueron un pueblo que entró en Anatolia alrededor del 2000 a. C. La capital hitita sería eventualmente Hattusa, una zona próspera cerca de la moderna Boğazkale, Turquía. Su imperio no se desarrollaría hasta alrededor del 1600 a. C., cuando fueron capaces de consolidar su poder.

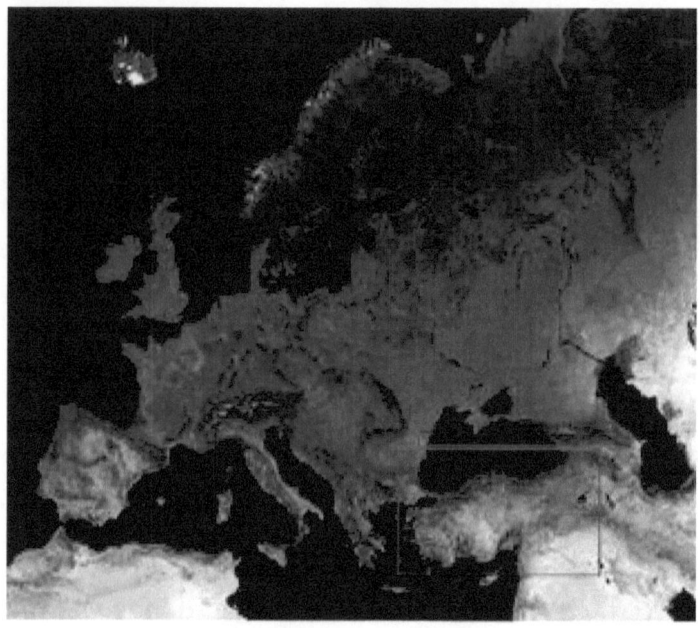

Mapa que destaca la Turquía moderna, antes Anatolia

Los hititas gradualmente asimilaron y conquistaron a los pueblos nativos, específicamente, los hurritas y los hititas, y difundieron su cultura y su lengua por toda la región. La manera más fácil para los estudiosos de examinar el movimiento hitita temprano durante este período es rastrear el idioma hitita, que era una variante indoeuropea diferente del lenguaje de los hurritas y los hititas.

Muchos estudiosos tienen la hipótesis de que el movimiento hitita en Anatolia fue el catalizador de una gran migración de Anatolia hacia el oeste. Esta migración sigue una teoría de dominó, en la que el movimiento de los hititas hacia Anatolia forzó a los nativos de Anatolia hacia el oeste, lo que a su vez causó la migración de los pueblos de habla griega del medio helénico hacia el sur de Grecia. El término arqueológico "heládico" se refiere a una serie de períodos que ocurrieron durante la Edad de Bronce en la historia y el arte griegos, lo que puede verse en los cambios en los fragmentos de cerámica recuperados en los sitios de excavación.

La mayor parte de la información conocida sobre los hititas se remonta a documentos y objetos como estatuas encontrados en todos los países modernos que ahora habitan la región geográfica de la antigua Anatolia. En particular son artículos que poseen escritura en una forma única de escritura cuneiforme que demuestra las diferencias lingüísticas que ocurrieron en toda Anatolia después del movimiento de los hititas.

Escritura Cuneiforme

Eventualmente los hititas adoptarían una escritura cuneiforme de los remanentes de los asentamientos asirios que quedaron después de la caída del gran imperio asirio. La escritura cuneiforme es una de las formas más antiguas de lenguaje escrito, originalmente desarrollada por los sumerios. Los escribas usaban tablillas de arcilla que aún estaban húmedas como superficie de escritura. Las formas se hacían usando un cálamo para formar cuñas que se convertirían en pictogramas, o símbolos de palabras o frases comunes. El cuneiforme hitita se refiere a la versión escrita del lenguaje hitita, que poseía pocos caracteres únicos y era más simple que algunas otras variaciones, como el acadio semítico.

Era raro que se conservaran las tablillas cuneiformes. Los materiales importantes podían ser horneados una vez que la arcilla tenía inscripciones, pero la cocción se reservaba principalmente para las estatuas o los documentos religiosos importantes. En su lugar, la arcilla podía limpiarse y reinscribirse según fuera necesario. Los hititas utilizaban el cuneiforme aprendido de los asirios para llevar registros de las transacciones o enviarse cartas. Muchos de los especímenes arqueológicos encontrados en los tiempos modernos no estaban destinados a durar. En su lugar, fueron preservados con frecuencia cuando un enemigo o invasor quemó parte de una ciudad, horneando efectivamente los documentos en los edificios donde fueron almacenado.

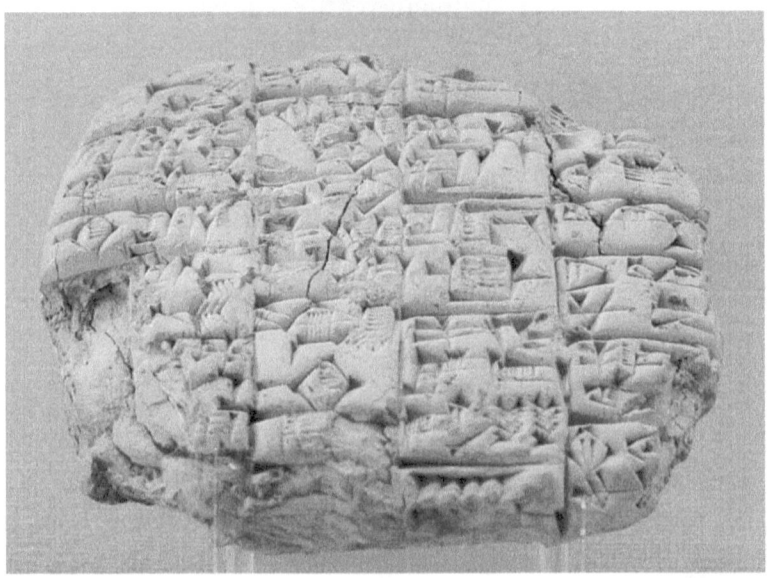

Dos ejemplos de letras cuneiformes, 1300 a. C., y 2400 a. C.

Otra información proviene de documentos escritos por los dos principales enemigos de los hititas: los egipcios y los asirios. Ambos grupos poseían escribanos que escribían en cuneiforme o en jeroglífico, y los recursos necesarios para crear registros adecuados sobre los movimientos políticos y militares de la región. Aunque gran parte de la obra hitita se perdió después de la caída del imperio hitita, civilizaciones como la egipcia sobrevivieron durante milenios y actualmente poseen documentos que los historiadores contemporáneos pueden utilizar para reconstruir la vida y los tiempos de los hititas nobles y medios por igual.

El Hitita Promedio

Aunque los hititas eran militaristas, la persona promedio sería un agricultor o artesano si fuera hombre y una esposa, madre y administradora del hogar si fuera mujer. Las esposas, madres e hijas aprendían a tejer lino y lana en telas y textiles para la ropa y frecuentemente plantaban y cosechaban los cultivos junto con sus esposos, padres e hijos. Muchos hombres eran trabajadores contratados o poseían una pequeña parcela de tierra que utilizaban para proporcionar alimentos a la familia. Aquellos que eran artesanos, como los trabajadores del cuero, también podían usar su oficio para hacer productos como botas y vendérselas a otros.

Las mujeres generalmente se casaron en la adolescencia temprana, poco después de la pubertad. Los hombres tendían a ser un poco mayores para poder alimentar y cuidar de la familia. La mayoría de los miembros de la clase baja eran monógamos, pero no era raro que los nobles y monarcas tuvieran varias concubinas o esposas. Varios reyes notables solían tener al menos dos esposas con varios hijos reconocidos por la familia real.

Cuando no se dedicaban a los asuntos o a proveer a las familias, la gente se entretenía con la música o los deportes. Algunos instrumentos comunes eran la lira y el arpa, dos aparatos que habían existido por más de 1.000 años cuando los hititas se mudaron a Anatolia. Los deportes populares incluían carreras a pie o en carros, boxeo y tiro con arco. Su sociedad era patriarcal, lo que significaba que los hombres controlaban la sociedad y ocupaban las posiciones en el gobierno. A pesar de esto, las mujeres podían ser empleadas en múltiples sectores como especialistas que hacían textiles o artículos de cuero, bailarinas, incluso trabajadoras agrícolas remuneradas. La religión era un elemento crucial de la vida cotidiana y la gente común conocía a docenas, si no cientos, de deidades a las que creían responsables de lo que sucedía en el mundo que les rodeaba.

Ejemplo de un arpa antigua interpretada por dos hombres

Gobierno

Durante la mayor parte de su existencia, la civilización hitita poseía una monarquía con un rey autoritario e influyente a la cabeza. Había unos pocos puestos administrativos, pero muchos de los altos funcionarios eran también miembros masculinos de la familia real que ocupaban cargos codiciados como el jefe de la guardia del rey, el sumiller real y el jefe de los escribanos. Otro puesto importante era el de escriba personal del monarca, que estaba exento de la autoridad del jefe y tomaba el dictado directamente del gobernante actual.

Como muchas civilizaciones antiguas, los hititas operaban bajo un sistema feudal donde había poderosos señores terratenientes. Estos señores suministraban a la monarquía gran parte de su poder prometiendo servicio militar, soldados y armas a cambio de tierras y ocasionalmente dinero. Sin la confianza, la comprensión y la lealtad entre la nobleza y el rey, el reino se habría desmoronado por la falta de cohesión.

La mayoría de los hititas eran simples granjeros, trabajadores y soldados que casi no tenían acceso al gobierno más allá de los funcionarios administrativos que gestionaban los matrimonios, los divorcios y la recaudación de impuestos. No había votación, y la realeza más poderosa rápidamente sofocó las protestas o rebeliones.

Establecimiento de un Reino Hitita

Los hititas tardaron varios siglos en formar un reino cohesivo una vez que entraron en Anatolia. Al principio, había varios grupos diferentes centrados en varias ciudades importantes. Funcionaban independientemente unos de otros a pesar de compartir una cultura y un lenguaje similar en el siglo XIX a. C. Hattusa, la antigua capital de los hititas, fue arrasada y quemada hasta los cimientos alrededor del 1700 a. C. En algún momento después, un poderoso rey hitita decidió que la ciudad se convertiría en su base de operaciones. Con el tiempo, los gobernantes militaristas de Hattusa combinaron las fuerzas de las ciudades hititas y conquistaron grandes franjas de Anatolia, formando los comienzos de un imperio cohesivo.

Este primer gobernante de un Imperio hitita unido tomó el nombre de Hattusili, que más o menos significaba "el de Hattusa". Su línea familiar sería conocida como los Grandes Reyes Hititas, 27 de los cuales adoptaron el nombre de su famoso predecesor. A pesar del establecimiento de lo que podría haber sido un imperio estable, hubo dificultades. Existían dos ramas separadas de la monarquía al norte y al sur y frecuentemente se peleaban entre sí. La rama del norte tenía Hattusa, mientras que la del sur se basaba supuestamente en algún lugar de Kussara, aunque el sitio real aún no se ha encontrado. Los historiadores conocen esta información por los registros cuneiformes que han sobrevivido y que han sido traducidos del hitita original al acadiano en algún momento del siglo XIII o XIV a. C.

Las tablillas sobrevivientes cuentan historias muy diferentes sobre cómo se formó el antiguo reino hitita original. Según una, la ciudad de Hattusa fue maldecida por los conquistadores de la cercana Kussara, convirtiéndola en un lugar inapropiado para un reino. En otra, ya existía un reino hitita en Kussara que sufrió a finales del siglo XVIII a. C., pero los registros no son claros tanto sobre el destino de Kussara como sobre si alguna de las historias sobre el Reino Antiguo es correcta. Lo que los historiadores saben es que la parte norte del imperio vivió para convertirse en el Reino Antiguo.

Capítulo 2 – La Formación del Reino Antiguo, 1700 – 1500 a. C.

Hattusili I y Mursili I

Hattusili I es uno de los gobernantes hititas más conocidos, así como el primer rey oficial. Hattusili I conquistó las regiones al norte y al sur de Hattusa una vez que estableció la ciudad como su base de operaciones. Llegó hasta el sur de la actual Siria, donde atacó Alepo, la capital del reino de Yamkhad. Aunque no reclamó la ciudad, consiguió llevar sus tropas más lejos de lo que los hititas habían llegado antes, reclamando territorio y varias ciudades importantes de la región siria. Luego retomó la zona de nuevo cuando los hurritas intentaron ejercer el control en su ausencia.

Un documento del siglo XVI a. C. explica cómo se le consideraba un rey poderoso y temible, capaz de dominar la región. De acuerdo con *El Edicto de Telipinu*:

"...Hattusili era rey, y sus hijos, hermanos, familia política, miembros de la familia y tropas estaban todos unidos. Dondequiera que iba en campaña controlaba la tierra enemiga con la fuerza.

Destruía las tierras una tras otra, les quitaba el poder y las convertía en las fronteras del mar..."[1]

El Edicto de Telipinu, dictado por un rey posterior del mismo nombre, explicaba además las dificultades y la ineficacia de los gobernantes que aquejarían a la monarquía hitita después de Hattusili I y el siguiente monarca.

Hattusili I eligió a su nieto, Mursili I, para ser su sucesor. Reinó desde aproximadamente 1556 a 1526 a. C. y continuó la guerra de su abuelo en Siria. Capturó completamente a Yankhad y tomó Alepo, terminando el trabajo de Hattusili I en esa área y asimilando ambos reinos. También luchó contra los hurritas al este, alejándolos de las fronteras hititas. Luego condujo a sus tropas 3.000 kilómetros al interior de Mesopotamia y saqueó Babilonia, en el río Éufrates, en el moderno Irak, alrededor de 1531 a. C. Los registros no indican sus razones para hacerlo, pero hay dos escuelas de pensamiento.

La primera cree que Mursili podría haber estado interesado en los almacenes de grano de la ciudad, ya que parecía que hubo varios años de malas cosechas que afectaron a los hititas. El segundo cree que Mursili I quería debilitar la dinastía de Hammurabi y dar paso a los casitas, que podrían haber formado una alianza con los hititas. De cualquier manera, los historiadores creen que las aventuras tan al sur en los reinos asirios podrían haber fortalecido el cuneiforme hitita, ya que ciertas elecciones estilísticas del cuneiforme asirio pueden verse en los símbolos hititas posteriores a este período.

Mursili I también se menciona en *El Edicto de Telipinu* con un lenguaje similar al de su abuelo. Según el documento:

"Cuando Mursilli era rey en Hattusa, sus hijos, hermanos, familiares políticos, miembros de la familia y tropas estaban todos unidos. Controló la tierra enemiga con fuerza, les quitó el poder y los convirtió en las fronteras del mar. Fue a la ciudad de Alepo, destruyó Alepo y llevó a los deportados de Alepo y sus bienes a Hattusa.

---
[1] Desconocido. *El Edicto de Telipinu.* Siglo XVI a. C.

Después, fue a Babilonia y destruyó Babilonia. Se llevó a los deportados de Babilonia y sus bienes a Hattusa[2].

Mientras estaba en Babilonia, Mursili I tomó otras ciudades como Mari y Babilonia. Sin embargo, sus campañas en este lejano sur causaron problemas al reino. La discordia se extendió por las filas de los soldados y una gran parte optó por volver a su tierra natal en lugar de seguir luchando en Mesopotamia. Esta sería la última vez que los hititas pudieron dejar su territorio conquistado para dedicarse a nuevas actividades militares, ya que el Reino Antiguo pronto se vería envuelto en batallas dinásticas entre facciones nobles internas.

Mursili no viviría para ver estas luchas. Dejó el territorio conquistado de Mesopotamia a sus aliados, los casitas, y se aventuró a volver a casa. Al regresar a su reino, fue asesinado. Sin la declaración de un sucesor, la élite o los nobles hititas se enfrentaron entre sí mientras luchaban por el derecho a ser el próximo gobernante del reino. Los hurritas percibieron esta debilidad y se desplazaron al sur ellos mismos, reclamando Alepo y la región circundante. Esta zona se conoció como Kizzuwatna, que tenía valiosos recursos como las minas de plata.

Monarcas ineficaces y decadencia

Como en muchas monarquías, los hititas se enfrentaron a problemas causados por traidores hambrientos de poder, asesinatos y gobernantes débiles. Hantili, el cuñado de Mursili I, conspiró con Zidanta, el yerno de Hantili, para asesinar a Mursili I. Tuvieron éxito una vez que el rey regresó de Mesopotamia e intentó tomar el trono. Hantili fue rey entre 1526 y 1496 a. C., pero no logró nada digno de mención en los registros históricos. Después de treinta años de reinado, Hantili fue asesinado por su antiguo compadre Zidanta, que se aseguró de asesinar también a todos los posibles herederos de Hantili.

---

[2] Desconocido. *El Edicto de Telipinu.* Siglo XVI a. C.

Zidanta se las arregló para gobernar durante una década sin incidentes. Ammuna, su hijo, lo asesinó y tomó el control de Hattusa y la región circundante. Reinó durante treinta años y se las arregló para destruir el reino creado por sus predecesores. Diferentes secciones del reino se rebelaron contra el gobierno centralizado, incluyendo a los hurritas que se desarrollaron y luego vivieron en Kizzuwatna. Ammuna no hizo nada para sofocar el desorden y los disturbios y en realidad pareció morir de causas naturales poco después de perder la mayoría de sus territorios. Otro usurpador reclamó el trono después de asesinar a los dos hijos mayores de Ammuna. Solo gobernó durante cinco años antes de que Telipinu, uno de los hijos menores sobrevivientes de Ammuna, tomara el poder.

Telipinu

Telipinu es el último monarca de importancia durante el Reino Antiguo y en realidad escribió el *Edicto de Telipinu*. Gobernó alrededor de 1460 a. C., durante una época en la que los hititas ya habían perdido mucho del territorio que habían ganado en Anatolia, principalmente ante los hurritas y los pueblos del sur. No se sabe mucho sobre los predecesores directos o antepasados de Telipinu. Su cuñado, Huzziya I, y los cinco hermanos de Huzziya I fueron asesinados cuando Telipinu tomó el trono. Telipinu no fue responsable de ninguna de las muertes, pero persiguió a los asesinos. En lugar de matar a los asesinos, como había sido la práctica de los hititas, los desterró como un deseo de detener el derramamiento de sangre en la monarquía.

Telipinu era un estratega militar capaz. Bajo su reinado, reclamó parte de las tierras perdidas por los hurritas durante el siglo anterior. Entre estos nuevos territorios se encontraba Mitanni al sureste, que solía pertenecer a los hititas. Esto se logró colaborando con los hurritas de Kizzuwatna.

Sin embargo, los hititas una vez más no fueron capaces de mantener su territorio. Después de la muerte de Telipinu, el Reino

Antiguo cayó en otro período de desorden y lucha interna por el poder.

La fase oscura

Desafortunadamente, no se sabe mucho sobre el Reino Antiguo después de la muerte de sus dos primeros monarcas y Telipinu. Parte de ello se debe simplemente a la falta de registros, ya que los gobernantes de esa época eran considerados insignificantes y débiles, no merecedores de que se escribieran sus actos. Los historiadores también creen que esta falta de escritura se debe en parte a que, antes del 1400 a. C., los gobernantes hititas no eran considerados como la encarnación viva de los dioses, lo cual se veía en otras civilizaciones antiguas como la egipcia. En su lugar, se suponía que los reyes eran los primeros entre iguales que debían llevar al pueblo a la grandeza. Los monarcas que siguieron a Hattusili I y Mursili I no tuvieron éxito en este objetivo para la civilización hitita.

Otro problema era que la monarquía no tenía un linaje establecido. Había múltiples nobles que podían reclamar el trono, ya que ninguna familia se consideraba real. En esta época, el trono usualmente iba a quien tuviera el mayor ejército, no a los hijos del gobernante anterior. Esto causaba problemas porque, como se mencionó anteriormente, había facciones en duelo al norte y al sur que gastaban numerosos recursos después de que cada rey moría en un intento de gobernar. No habría una dinastía familiar fija para resolver el problema hasta después de 1400 a. C.

Cuando los hititas crearon una familia real establecida, el reino experimentó un período de relativa estabilidad a medida que el poder se centralizaba. La sucesión se fijó adicionalmente, lo que significa que el viejo rey elegiría a su heredero antes de morir, creando muchas menos disputas entre los nobles. Una línea fija también significaba que había una clara jerarquía entre los posibles herederos. Por ejemplo, un hijo mayor vendría antes que uno menor, o el marido de una hija antes que un sobrino.

El Corto Reino Medio

La transición del Reino Antiguo al Nuevo, antes de que se desarrollara una línea de sangre real, se llama el Reino Medio y duró poco más de un siglo. Los monarcas lucharon por mantener un imperio cohesivo debido a sus fracasos, guerras de sucesión y constantes ataques de sus vecinos. Los registros muestran que los hititas lucharon contra los Kaska, un grupo de personas que vivían cerca de las costas del mar Negro, también conocido como "Pueblos del Mar". Muchas de estas batallas se centraron en torno a la actual capital hitita.

La capital se movió varias veces para acomodar la lucha y los caprichos de los reyes. Primero fue a Sapinuwa y luego a Samuha. Sapinuwa estaba en el norte de Turquía central, mientras que la ubicación de Samuha es más ambigua. Algunos estudiosos creen que estaba a orillas del río Éufrates mientras que otros suscriben la idea de que estaba cerca del río Halys, mucho más cerca del Hattusa original.

Al igual que la ubicación de la capital, el comportamiento de la gente también estaba cambiando. A pesar de ser corto, el Reino Medio vio un aumento en un comportamiento que allanó el camino para los futuros hititas. Durante este tiempo, los líderes comenzaron a negociar y a establecer relaciones diplomáticas con los pueblos cercanos, formando alianzas y creando tratados. De los muchos pueblos antiguos diferentes, los hititas fueron algunos de los primeros en practicar una política internacional y una diplomacia pacífica, que continuaría en el Reino Nuevo.

Capítulo 3 - El Reino Nuevo, 1400 - 1200 a. C.

El Reino Nuevo fue el apogeo del poder hitita en toda Anatolia. El Reino Nuevo también se llama el período del Imperio hitita y solo duró dos cortos siglos antes de que los hititas se dispersaran y descentralizaran una vez más. Uno de los acontecimientos más significativos de esta época fue el cambio en la forma en que la gente veía la función y el lugar del rey. Mientras que antes el monarca era visto como el primero entre iguales, la realeza comenzó a desarrollar un aura divina. Los nobles y los plebeyos ahora llamarían al rey "Mi Sol", y él y la reina fueron asociados con deidades. Siguiendo los desarrollos previos del Reino Medio cuando la sucesión al trono se hizo hereditaria, la gente comenzó a asociar la familia real con la divinidad. En esencia, nació una versión del derecho divino a gobernar.

Además, los reyes asumieron un nuevo papel en la religión. Antes, la monarquía no tenía un fuerte elemento religioso. Ahora, cada rey era considerado un alto sacerdote de los dioses, responsable de procurar su favor y cumplir con su palabra. Muchos de ellos hacían grandes giras por el reino, que incluían visitas a lugares sagrados, la participación en festivales, asegurarse de que los santuarios se mantuvieran en buenas condiciones y estar presentes en los sacrificios o rituales importantes.

Tudhaliya I

El Reino Nuevo comenzó con la coronación del rey Tudhaliya I, posiblemente no el primero de su nombre, ya que los registros no son claros, en el 1430 a. C. No se sabe mucho sobre su reinado, excepto que conquistó un área conocida como Assuwa. Assuwa era una liga de 22 estados de Anatolia formados en algún momento antes de su derrota por los hititas alrededor del 1400 a. C. No se sabe mucho sobre Assuwa, excepto que su caída se convertiría en el momento más brillante de Tudhaliya I y del naciente Imperio hitita. Assuwa se ubicaría alrededor del noroeste de Anatolia, especialmente porque se cree que algunos de sus estados aparecen en la literatura griega antigua.

Después de su éxito contra Assuwa, Tudhaliya I atacó su estado sucesor, un área llamada Arzawa. Arzawa era principalmente luviano, un grupo separado de personas en Anatolia que hablaban y escribían su propio idioma sin depender de los caracteres de otra cultura. Después del ataque inicial de Tudhaliya I, Arzawa se unió a una liga anti-hitita y finalmente se enfrentó a su fin bajo el poderoso Reino

Nuevo. Después, Tudhaliya I atacó y conquistó los estados hurritas de Alepo y Mitanni.

Suppiluliuma I

El éxito no siguió a Tudhaliya I. A pesar de su habilidad para expandir el Imperio hitita, inmediatamente entró en otro período de debilidad. Fue tan malo que los enemigos del estado pudieron atacar por todos lados y finalmente arrasaron Hattusa. El imperio perdió una buena parte de su territorio bajo los gobernantes que siguieron inmediatamente a Tudhaliya I - incluyendo a su propio hijo - y no vio otro gobernante fuerte hasta el surgimiento de Suppiluliuma I.

Suppiluliuma I fue coronado alrededor de 1344 a. C., y gobernó hasta aproximadamente 1322 a. C. Sus padres fueron Tudhaliya II y Daduhepa. Trabajó bajo el mando de su padre como general y logró su primer gran éxito militar contra los Azzi-Hayasa, una confederación de pequeños reinos cerca de los hititas, y los Kaskas. Cuando los dos pueblos derrotados intentaron unirse en torno a líderes carismáticos, Suppiluliuma trabajó con su padre para derrotarlos una vez más.

También podría considerarse uno de los principales derrotistas de Egipto, capaz de recuperar un valioso territorio en la región de Siria. Suppiluliuma I reconoció que el pobre gobierno y la diplomacia del faraón Akenatón dieron a los hititas oportunidades sin precedentes para reclamar tierras. Sus tácticas llevarían eventualmente a los hititas a ganar algunos de los estados vasallos de Egipto justo por debajo de ellos.

Faraón Akenatón y su familia

Suppiluliuma se aprovechó de las crecientes dificultades del faraón con el rey de Mitanni, Tushratta. El padre de Akenatón originalmente hizo un trato con Mitanni contra los hititas para tratar de ganar el control de su región en Anatolia. Como parte del acuerdo, se suponía que Egipto enviaría varias estatuas de oro sólido como parte del precio de la novia pagado a Tushratta, ya que su hija se casó con el padre de Akenatón y finalmente con el nuevo faraón. Tushratta lo acusó de enviar estatuas chapadas en oro en lugar de estatuas completas. Incluso envió una carta a Akenatón quejándose de la situación, diciendo:

"Pero mi hermano [es decir, Akenatón] no ha enviado las estatuas sólidas [de oro] que tu padre iba a enviar. Ha enviado unas chapadas en madera. Ni tampoco me ha enviado los bienes que su padre me iba a enviar, pero los ha reducido en gran medida. Aun así, no hay nada que yo sepa en lo que le haya fallado a mi hermano. Cada día que escucho los saludos de mi hermano, ese día hago una ocasión festiva... Que mi hermano me envíe mucho oro. En el kim[ru fe]ast...[...con] muchos bienes [que mi] hermano me honre. En el país de mi hermano el oro es tan abundante como el polvo. Que mi hermano no me cause angustia. Que me envíe mucho oro para que mi hermano [con el oro y los bienes] me honre"[3].

El hermano al que se refiere es Akenatón, que no cumple el acuerdo. Tushratta señala además que sus mensajeros originales vieron el oro, el lapislázuli y las estatuas fundidas que iban a ser enviadas. Tushratta cree que estos originales no fueron entregados y que Akenatón los reemplazó con alternativas baratas. Este documento, y las quejas de otros vasallos y estados aliados, se encuentran en las Cartas de Amarna, un grupo de importantes correspondencias entre Akenatón y otros. Los estados vasallos son estados subordinados que normalmente prestan servicio militar y rinden tributo a un reino, cultura u otro cuerpo político dominante. En las Cartas de Amarna queda claro que el faraón decepcionó a muchos de los aliados de Egipto al no suministrar recursos y dinero adecuados a las personas que se suponía que estaban aliadas con el poderoso reino. Una de estas cartas apareció en un capítulo anterior como ejemplo de cuneiforme y contiene información del líder de los Amurru, un pequeño reino en las cercanías de la Siria moderna.

---

[3] Moran, William. Las Cartas de Amarna. Johns Hopkins University Press. 1992. Pág. 87-89.

Una de las Cartas de Amarna

Las Cartas de Amarna revelan otros defectos en la diplomacia de Akenatón de los que Suppiluliuma podría aprovecharse. En particular fue la falta de voluntad del faraón para ayudar a un grupo de aliados que se rebelaron contra los hititas y fueron capturados por los soldados. Escribieron al faraón y le rogaron que les ayudaran, pero Akenatón no respondió a la mayoría de sus cartas e ignoró las súplicas. Despachó tropas para resolver un problema en Canaán, pero por lo demás parecía contento de permitir que los vasallos sufrieran. Sobre todo, no quería intervenir en lo que él consideraba pequeñas disputas políticas, que causaban grandes problemas en la región de Amurru.

Rib-Hadda de Biblos se enfrentó a constantes problemas como gobernante de uno de los estados fronterizos del Imperio Egipcio. Fue expulsado del poder y no recibió ninguna ayuda de Akenatón. Finalmente acudió a un hombre llamado Aziru para que le ayudara, solo para ser enviado a un reino separado y sin duda ejecutado. Su enemigo, Aziru, fue retenido durante un año por el faraón bajo acusaciones de planear deliberadamente el fin de Rib-Hadda, pero Akenatón lo liberó. Al regresar a su reino, Aziru desertó a los hititas, sumándose al creciente poder del Reino Nuevo bajo Suppiluliuma I. Toda la provincia fronteriza de Amurru en Siria quedó bajo el control de los hititas, lo que les dio un fuerte arraigo en la región y permitió a los hititas recuperar parte de su antigua fuerza.

Suppiluliuma I fue además capaz de reconquistar Alepo, que se había perdido, y derrotar a varias otras ciudades-estado. Reconquistó Mitanni para que se redujera a una posición de vasallaje y entregó varios otros territorios a sus vasallos para crear un lugar estable en Asia Menor. Con el tiempo, poseía más control que la una vez poderosa Egipto, y Egipto intentó formar una alianza matrimonial, aunque nunca se consumó tras el asesinato del príncipe hitita. Nadie está seguro de quién mató al príncipe, ya que su grupo de viaje lo descubrió muerto una mañana por causas no naturales. Los hititas culparon a los egipcios, que negaron tener conocimiento del incidente y afirmaron que no se beneficiarían de la muerte del príncipe. De cualquier manera, las dos partes no pudieron superar su amargura por el incidente y no se envió a otro príncipe para completar el acuerdo.

Sin embargo, todo este prestigio no podía durar. El Imperio asirio Medio también estaba alcanzando sus cimas de poder bajo el gobierno de Ashur-uballit I. Asiria tomó las tierras de los hurritas y Mitanni, a pesar de los mejores intentos de Suppiluliuma I de usar su propia fuerza militar para preservar su posición. Los asirios comenzaron a tomar tierras de los hititas en Asia Menor, así como varias ciudades-estado previamente ganadas a Egipto. Suppiluliuma I y su esposa eventualmente perecieron por la propagación de una plaga llevada por los pueblos de los territorios tomados de Egipto.

Mursili II

El siguiente gobernante influyente sería Mursili II, que tomó el relevo de su hermano, el hijo mayor de Suppiluliuma I. Su hermano también murió de la peste, y Mursili II se enfrentó a frecuentes rebeliones durante los primeros años de su reinado debido a su relativa juventud e inexperiencia. Aunque no era menor de edad, tomó el control en su adolescencia y fue considerado incapaz de liderar. Los Kaskas y los Arzawa en particular lucharon contra los hititas, pero ambas regiones fueron espectacularmente derrotadas.

Mursili II escribió sobre algunas de sus dificultades y triunfos en documentos conocidos como los Anales, que lograron sobrevivir a las arenas del tiempo. En particular, mencionó el continuo desprecio de sus enemigos y cómo su estatus hizo que muchos de ellos se rebelaran en un documento donde registró algunas de sus citas más comunes:

"Eres un niño; no sabes nada y no me infundes miedo. Tu tierra ahora está en ruinas, y tu infantería y tu carroza son pocos. Contra tu infantería, tengo mucha infantería; contra tu carroza tengo muchos carruajes. Tu padre tenía infantería y carrozas. Pero tú que eres un niño, ¿cómo puedes igualarlo?"[4].

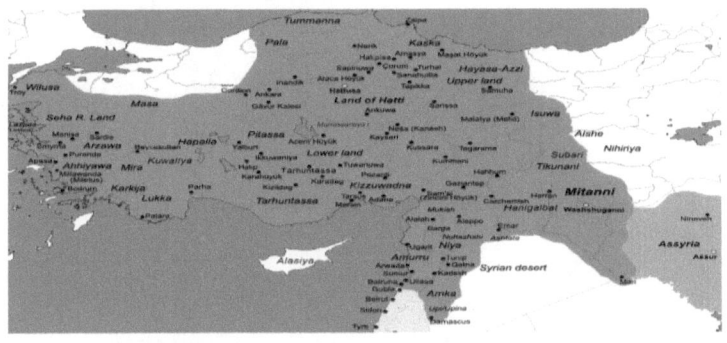

El Imperio hitita durante el reinado de Mursili II

---

[4] Bryce, Trevor. *The Kingdom of the Hittites*. Oxford University Press. 1998. Pg. xiii.

Los expertos creen que Mursili II murió de causas naturales después de liderar a los hititas durante 25-27 años. El mapa de arriba demuestra hasta qué punto logró expandir y asegurar las fronteras del creciente Imperio hitita. También atacó varias áreas al oeste, incluyendo Millawanda, un área que se cree está bajo el control de los griegos micénicos

El Imperio hitita siguió ocupando una posición envidiable en Asia Menor y el Lejano Oriente. El Reino Nuevo tenía acceso a cantidades masivas de recursos, prósperas rutas comerciales y estados vasallos dispuestos a pagar tributo a cambio de protección militar y un mínimo de poder. Los hititas incluso habían logrado recuperarse después de luchar con los asirios y expulsar a Egipto de Anatolia. Pero esta posición no podía durar. Siguiendo un patrón duradero de los hititas, los gobernantes débiles reemplazarían a los fuertes, y no siempre habría suficiente poderío militar y destreza para ir de un lado a otro. Los hititas encontrarían su próximo gran oponente en un viejo enemigo: los egipcios. Eventualmente, las continuas luchas y la incapacidad de proteger todo su territorio marcarían el fin del gran Imperio hitita de una vez por todas.

Capítulo 4 - La caída de los hititas

Conflicto con Egipto

Un fuerte Imperio hitita dependía de las rutas comerciales. En particular eran las rutas que pasaban por el norte de Siria, una zona que conectaba las Puertas de Cilicia con Mesopotamia. Las Puertas de Sicilia eran y siguen siendo un paso a través de los Montes Tauro en el sur de Turquía. El paso conectaba la región costera mediterránea de Anatolia con la meseta situada más allá de los Montes Tauro. Las rutas comerciales a través de las Puertas de Cilicia eran esenciales para el transporte de cobre, alimentos y armas.

Desafortunadamente, los egipcios pusieron sus ojos en el norte de Siria, la región que contenía valiosos recursos y las Puertas de Cilicia. El faraón Ramsés II ascendió al trono en 1279 a. C. y decidió expandir su territorio para obtener más poder y recursos. Era un líder militarista efectivo con varios objetivos en mente. Primero, deseaba restaurar las propiedades que los egipcios habían perdido ante los hititas y nubios. Segundo, deseaba que las fronteras alrededor del territorio egipcio estuvieran aseguradas para que los centros urbanos no temieran incursiones o ataques.

Estatua de Ramsés II como un niño en el Museo del Cairo

Lanzó múltiples campañas en Siria. Durante la primera, Ramsés II conquistó Amurru, un estado vasallo hitita. Su pérdida significó que los hititas se vieron privados de valiosos recursos y parte de sus rutas comerciales en Anatolia.

Ramsés II lanzó una segunda campaña siria que dio lugar a la famosa batalla de Qadesh de 1274 a. C. De todos los conflictos antiguos de la historia, los investigadores contemporáneos son los que más saben sobre la batalla de Qadesh porque fue objeto de numerosas inscripciones realizadas por egipcios e hititas. Ramsés II preparó sus fuerzas para tomar la ciudad de Qadesh construyendo más de 1.000 armas, 250 carros de guerra y acumulando cientos de soldados en unas pocas semanas. Egipto marchó hacia Qadesh, pero fue derrotado por las fuerzas hititas, que luego fueron derrotadas por las unidades egipcias que llegaron después del conflicto inicial. Los hititas amurallaron la ciudad y Ramsés II, al darse cuenta de que no podía mantener los recursos necesarios para un asedio, se marchó.

Los hititas y los egipcios tienen diferentes registros sobre lo que pasó al final de la batalla. Según los egipcios, Ramsés II regresó triunfante después de haber derrotado con éxito una emboscada hitita a pesar de no haber conseguido la ciudad. También sirvió como una victoria personal para un joven faraón, que se había recuperado con éxito después de ser derrotado por los hititas. Los registros hititas tienen una historia diferente en la que Ramsés II huyó avergonzado después de ser derrotado. Actualmente, los historiadores tienden a estar de acuerdo en que toda la batalla de Qadesh fue un empate, ya que ninguna de las partes ganó terreno.

Los problemas con Egipto no terminaron aquí para los hititas. El rey Muwatalli II (1295-1272 a. C.) se adentró en territorio egipcio para recuperar el terreno perdido. Tomó la provincia de Upi, que tenía la ciudad de Damasco. Muwatalli II dejó a su hermano a cargo, un hombre que finalmente sería coronado Hattusili III. Esto significaba que Egipto poseía poca influencia en Asia Menor además de Canaán. Más disturbios contra los egipcios, causados por la distancia entre Egipto y sus vasallos, pusieron en riesgo incluso este escaso control. Ramsés II fue al norte para sofocar varias rebeliones. Aunque esto fue un pequeño éxito para los hititas, Egipto una vez más ganó la delantera.

El faraón reanudó sus campañas en Siria durante los años octavo y noveno del reinado de Ramsés II, lo que lo llevó una vez más contra los hititas. Esta vez, los hititas perdieron dos valiosas ciudades, Dapur y Tunip. Esto podría considerarse una pérdida particularmente devastadora, ya que los hititas se habían mantenido en los centros urbanos durante más de 120 años. Aunque los hititas la recuperaron pronto, Ramsés II volvió a lanzar un asalto a la ciudad. Ninguno de los dos bandos ganó, pero ambos perdieron valiosos recursos militares que habrían sido útiles ante la nueva amenaza que marcaría el declive del poder de ambos bandos: los asirios.

El asedio de Dapur

El Azote Asirio

La sociedad hitita comenzó a degradarse después de la batalla de Qadesh debido al ascenso de los asirios. Los hititas perdieron la mayor parte de su poder y la economía se desmoronó por la pérdida de recursos naturales. Los asirios eran una cultura poderosa liderada por el rey Salmanasar I, que llevó a sus tropas a la guerra contra Hurria y Mitanni. Reclamó ambas áreas y continuó marchando a lo largo del río Éufrates mientras que los hititas y los egipcios fueron ocupados por la guerra, ganando nuevos territorios en Anatolia, Babilonia, Fenicia, Canaán (el actual Israel), Aram (la actual Siria) y el antiguo Irán. Los hititas intentaron defender Mitanni porque tenía varias rutas comerciales importantes, pero no pudieron hacer frente a este nuevo oponente asirio después de gastar fuerzas contra Egipto.

El surgimiento de Asiria fue un punto de inflexión importante para los hititas. Durante el Reino Nuevo, Egipto fue la principal preocupación. Ahora, los hititas tenían que enfrentarse a dos enemigos distintos. El rey Muwatalli finalmente murió y su hijo, Urhi-Teshub o Mursili III, lo reemplazó en un momento en que los asirios diezmaron las rutas comerciales. Luchó sin éxito durante siete años para mantener a raya a Salmanasar I, pero un rival al trono lo derrocó después de una larga guerra civil.

Matrimonio y Alianza con Egipto

Este nuevo gobernante hitita fue Hattusili III. Enfrentado a la continua anexión asiria de los territorios hititas, Hattusili III decidió formar un tratado de paz con Ramsés II, que también se enfrentó a una mayor presión de las fuerzas de Salmanasar. Se conocería como el Tratado de Qadesh. Ramsés II se casó con la hija de Hattusili III y los dos gobernantes acordaron unos límites fijos en el sur de Canaán. Un segundo término del tratado fue el matrimonio de otra princesa hitita con Ramsés II. Muchas de las reglas y acuerdos adicionales se han perdido en el tiempo, ya que queda menos de la mitad del Tratado de Qadesh en forma física.

El Regreso de los Asirios

Los hititas lograron mantener a raya a los asirios durante varios años con la ayuda de Egipto, pero su Reino Nuevo llegaría rápidamente a su fin bajo Tudhaliya IV. Reinó desde c.1237-1209 a. C. y fue un rey exitoso en varios campos a pesar de su falta de destreza militar. Por ejemplo, después de que una grave sequía devastara a los hititas, construyó 13 presas, una de las cuales todavía está en pie. Aunque tuvo éxito a la hora de proveer a su pueblo, Tudhaliya IV fracasó contra los asirios. Tudhaliya IV trató de evitar que los asirios llegaran al corazón de los hititas, pero finalmente perdió una cantidad significativa de territorio, incluyendo la recién ganada isla de Chipre.

El conflicto decisivo entre Tudhaliya IV y los asirios fue la batalla de Nihriya. Los arqueólogos encontraron parte de una carta describiendo la batalla, pero casi no queda información para discutir los detalles. Lo que está claro es que los asirios bajo Tukulti-Ninurta I obtuvieron una victoria decisiva. La pérdida de los hititas causó revueltas y rebeliones en todo el territorio restante de la monarquía. Tudhaliya IV finalmente los derribó a todos, pero no fue capaz de repeler a los asirios. En su lugar, las tensiones y los combates leves continuaron durante al menos cinco años más, hasta que se estableció un tratado de paz. Sin embargo, el tratado no duró.

El último monarca del Reino Nuevo fue Suppilulima II. Aunque obtuvo algunas victorias, los hititas perdieron demasiado territorio ante los asirios para mantener una economía y una sociedad en funcionamiento. Para empeorar las cosas, los babilonios bajo el infame Nabucodonosor II también intentaron tomar territorio hitita. Los asirios en realidad expulsaron a los babilonios de la tierra hitita para tomarla para ellos mismos. Por lo tanto, los hititas ocuparon una terrible posición militar y de escasos recursos cuando los pueblos del mar llegaron a la costa del Mediterráneo y comenzaron a reclamar su camino a Canaán.

Los Pueblos del Mar

Hay más de nueve hipótesis sobre quiénes eran los Pueblos del Mar porque son diferentes de los Kaskas, los Pueblos del Mar que asediaron a los hititas durante los Reinos Antiguo y Medio. Los historiadores creen que eran una confederación de pueblos de la costa norte del Mediterráneo que buscaban expandirse en Asia Menor. Se especula sobre si eran fenicios, griegos, minoicos, italianos o incluso filisteos. Sin importar su origen, los Pueblos del Mar llegaron a Anatolia listos para la guerra. Empezando por la región del Egeo, lucharon hasta llegar a Canaán y establecieron Filistea. Además, reclamaron las ciudades de Chipre, Cilicia, y todas las valiosas rutas comerciales que se cruzaban en la región.

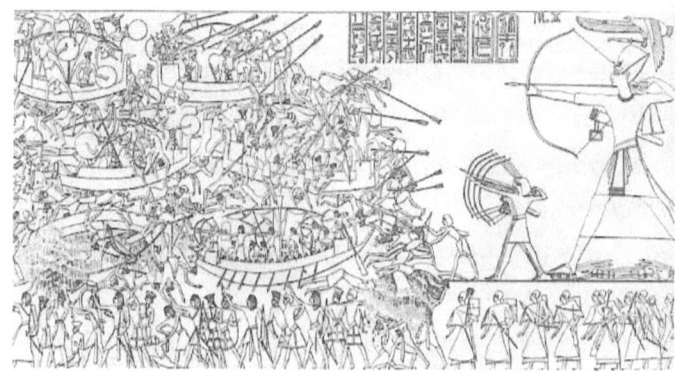

Los Pueblos del Mar en el Medinet Habu

El golpe final

Los Pueblos del Mar tomaron las últimas áreas que los hititas tenían como recursos. Los hititas ahora enfrentaban ataques de todos lados de una variedad de enemigos, incluyendo nuevos invasores como los Pueblos del Mar, los Kaskas, los Bryges y los Frigios. En 1180 a. C., un ejército invasor arrasó Hattusa y la quemó hasta los cimientos. En este punto, el Reino hitita dejó de existir y casi no hay registros de su existencia más allá de este punto. Su caída fue parte del colapso de la Edad de Bronce en el Mediterráneo Oriental, Asia Menor, África del Norte y partes de la moderna Europa Oriental.

Durante el colapso de la Edad de Bronce, las culturas de pueblos centrados en el palacio como los hititas en toda Anatolia y el Mediterráneo se detuvieron. Numerosas metrópolis y grandes ciudades fueron destruidas. Los historiadores especulan que el cambio se produjo ya sea por drásticos cambios ambientales como sequías o volcanes, o por la transición a la herrería y nuevas tácticas de guerra. La segunda escuela de pensamiento relacionada con las nuevas tácticas en la guerra es más popular, ya que cualquier grupo invasor también habría sufrido sequías u otros desastres ambientales. Los asirios tenían uno de los ejércitos más fuertes y produjeron muchas armas de hierro, lo que añade más credibilidad a esta idea.

Esta época en la que los hititas se enfrentaron a su caída se considera una edad oscura histórica que fue culturalmente perturbadora y muy probablemente violenta. Robert Drews, profesor de Estudios Clásicos en la Universidad de Vanderbilt, describe mejor el colapso de la Edad de Bronce cuando afirma:

"En un período de cuarenta a cincuenta años, a finales del siglo XIII y principios del XII, casi todas las ciudades importantes del Mediterráneo oriental fueron destruidas, muchas de ellas para no ser ocupadas nunca más".

El colapso de la Edad de Bronce tuvo varios efectos duraderos en el imperio construido por los hititas. La falta de rutas comerciales dificultó la creación de herramientas de bronce, y los recursos ya no podían ser transportados a través de Anatolia. La pérdida de gobiernos poderosos significó que la alfabetización y la diplomacia disminuyeron significativamente. Se pueden encontrar pocos registros de este período, y se especula que existen pocos. Los hititas sobrevivieron, pero no en la misma forma. Ahora vendría el surgimiento de los reinos siro-hititas, que ocuparían gran parte de la misma área en Anatolia, pero combinarían nuevas culturas juntas. Esto comenzó alrededor del 1180 a. C.

---

[5] Drews, Robert. *El fin de la Edad de Bronce: cambios en la guerra y la catástrofe ca. 1200 a. C.* 1993

Capítulo 5 - Los reinos de la Siro-Hitita o Neo-Hitita

El término "neo-hitita" se refiere al concepto de que los estados que siguieron a la caída del Reino Nuevo eran los "nuevos hititas". Después del colapso de la Edad de Bronce y el comienzo de la Edad de Hierro, el gobierno centralizado para los hititas ya no existía. En su lugar, la cultura hitita se adaptó a un nuevo entorno y el pueblo formó lo que se conocería como los reinos siro-hititas o neo-hititas. Estos reinos eran ciudades menos reguladas, dispersas a través de la región, que tomaban prestado del modo de vida hitita, así como de las culturas de los vecinos cercanos. Con el tiempo, estos reinos se convertirían en vasallos de los asirios y asumirían nuevas prácticas culturales que hicieron obsoletos algunos de los antiguos componentes hititas.

Las diferencias entre el Reino Antiguo Hitita y el Neo-Hitita

Con tantos grupos moviéndose en Anatolia durante el final de la Edad de Bronce, la composición de los reinos neo-hititas difirió enormemente de la de sus predecesores. El historiador Trevor Bryce resumió las características de un reino neo-hitita eficientemente señalando cuatro factores principales.[6]

1. La mayoría de ellos estaban en la misma región geográfica de "Hatti" en toda Anatolia y Siria como el reino hitita original.

2. Los documentos descubiertos en las ciudades fueron escritos en la escritura y lenguaje jeroglífico Luviano, que había venido a reemplazar la lengua cuneiforme tradicional y la lengua de los hititas durante los últimos años de control.

3. Los gobernantes de los estados tenían nombres tradicionales de monarcas hititas traducidos a Luviano.

4. La iconografía y los diseños arquitectónicos del antiguo reino hitita se pueden ver en los nuevos estados, lo que indica una conexión cultural entre ambos.

Los luvianos eran un grupo de personas con un idioma compartido que poblaron varias áreas dentro de Asia Menor. Con el tiempo, gradualmente se asimilaron o comenzaron a compartir su cultura con otros grupos en toda la región, incluidos los hititas. Los historiadores pueden decir que usualmente vivieron junto a otros pueblos y se unieron a estados preexistentes, pero nunca formaron su propia civilización unificada. Poseían una escritura jeroglífica única que sería adoptada por el grupo más grande con el que vivían y comerciaban, los hititas. El cambio de los jeroglíficos cuneiformes a los luvianos en el reino hitita fue un proceso lento, pero parecía estar ganando velocidad hacia el final de la Edad de Bronce a medida que los hititas se asimilaban a las culturas circundantes. Si bien esto podría parecer un desarrollo, en realidad significaba que los hititas ya no eran la fuerza cultural impulsora en la región, ya que comenzaron a adoptar aspectos de diferentes culturas, mientras que, durante el

---

[6] Bryce, Trevor. *El mundo de los reinos Neo-hititas: Una historia política y militar.* Nueva York: Oxford University Press, 2012.

Reino Nuevo, fueron los principales factores de influencia en Anatolia.

Sello de Anatolia de Tarkummuwa

Este sello es uno de los mejores ejemplos de cómo era la lengua hitita cuando se escribía en los jeroglíficos que se hicieron populares durante la época de las ciudades neo-hititas. Muestra al gobernante hitita Tarkummuwa con una descripción bilingüe de él en la lengua nativa hitita, así como traducida a jeroglíficos, antes de que la lengua hitita comenzara a desvanecerse. Es uno de los artefactos más influyentes para que los investigadores puedan averiguar cómo podría aparecer la lengua hitita en los nuevos jeroglíficos.

Iconografía y Arquitectura

Los arqueólogos son capaces de decir qué ciudades pertenecieron a las neo-hititas basándose en su iconografía y arquitectura únicas. Por un lado, las ciudades no tenían una forma definida, a diferencia de las ciudades de otras culturas. Podían ser circulares, rectangulares o irregulares dependiendo de la ubicación y el entorno. Cada ciudad tenía una ciudadela fortificada para albergar los palacios, lo que obligaba a separar a los plebeyos y las élites.

Otras pistas arquitectónicas incluían diseños de palacios y templos con antigua influencia siria, que se remontan al segundo o tercer milenio antes de Cristo. Las murallas, puertas, palacios y relieves estaban decorados con bloques de piedra u ortostatos, que eran losas rectangulares colocadas en posición vertical, similares a los pilares que sostienen a Stonehenge. Estos elementos eran cruciales para las formas más antiguas de la iconografía y la arquitectura hititas y proporcionan importantes pistas para comprender cómo cambiaron la cultura y la vida hititas con la llegada de los arameos y su continuo contacto con ellos.

Ilustración de la Piedra Hitita El Relieve del Rey Tarkasnawa

La Influencia Aramea y Luviana Continúa

Los arameos eran un grupo de tribus semíticas de habla aramea del noroeste que formaban una confederación que vivía en Siria - conocida como Aram, de ahí el nombre- desde aproximadamente los siglos XI a VIII a. C. En conjunto, se convertirían en el principal oponente de los hititas para el control de Siria tras la caída del reino hitita, porque su población se estaba extendiendo y su cultura prosperaba. Es de los arameos de donde proviene el término "siro-hitita", ya que con el tiempo los hititas abarcarían cada vez más aspectos de la cultura aramea en sus pequeñas ciudades de la región.

Los arameos poseían varios estados importantes, incluyendo Bit-Agusi, Sam'al y el reino de Damasco. Muchos de estos importantes centros urbanos estaban situados alrededor de las antiguas ciudades hititas. Una teoría popular de historiadores, arqueólogos y antropólogos es que los hititas, habiendo sido desplazados por el colapso de su reino, migraron a estas nuevas áreas urbanas. Junto con ellos vino una migración masiva de los luvianos a Anatolia, explicando por qué su lenguaje y alfabeto se volvieron dominantes mientras que los términos hititas aún se usaban.

Varios estudiosos intentaron distinguir entre la cultura de los anteriores reinos hititas y los influidos por los luvianos, pero no notaron ninguna diferencia aparte de las pistas arquitectónicas y literarias. La aculturación era todavía el nombre del juego durante los reinos siro-hititas y muchas de las mismas deidades eran todavía adoradas. Dado que todas las religiones regionales ya habían sido adoptadas en su totalidad o en parte por los hititas para formar la suya propia, no quedaba mucho que los luvianos pudieran aportar cuando se enfrentaban a la religión hitita. Aunque la escritura cambió, esto implica que gran parte de la cultura local y la estructura social de los hititas permaneció igual, especialmente en las regiones que habían sido rurales o nómadas en un principio.

El Imperio Neo-Asirio

Con el tiempo, los reinos siro-hititas se asimilaron al Imperio neo-asirio, que reemplazó al Antiguo Imperio asirio. El Imperio neo-asirio duró desde el 911 al 612 a. C., y abarcó gran parte de Asia Menor y el Lejano Oriente. El mapa de abajo demuestra que los asirios lograron conquistar la mayoría de las regiones anteriormente ocupadas por los hititas durante sus días de gloria.

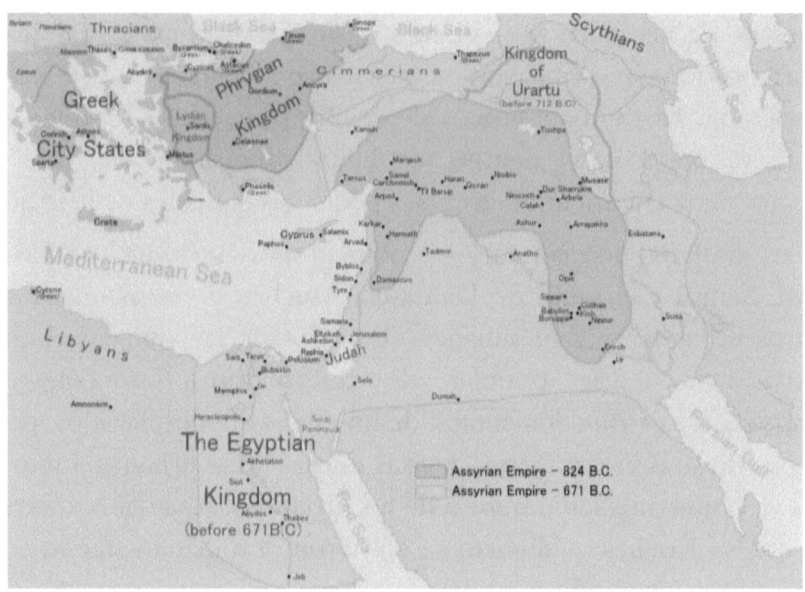

Mapa del Imperio neo-asirio

Los hititas estuvieron bajo control asirio durante los reinados de dos figuras, Adad-nirari II y Asurnasirpal II desde el 911 al 859 a. C. Adad-nirari II lanzó numerosas campañas militares diseñadas para labrar territorio de los imperios preexistentes, incluyendo la 25ª Dinastía de Egipto, también llamada Dinastía Nubia. Adad-nirari II también pudo reclamar numerosos estados más pequeños, incluyendo muchos de los reinos neo-hititas. Entre sus conquistas se encontraban Israel, Judá, la mayor parte de la tierra que rodea las principales ciudades neo-hititas, Persia, Canaán y Chipre. Además, exigió tributos a otros, convirtiéndolos en estados vasallos.

Sorprendentemente, Adad-nirari II fue uno de los primeros líderes de Anatolia y las regiones cercanas en comenzar a deportar a las personas de diferentes orígenes étnicos o culturales a las tierras fronterizas. Entre los objetivos de sus políticas estaban las poblaciones arameas y hurritas, pero no los hititas. Su política, y la de muchos de los futuros reyes asirios, consistía en hacer campaña anualmente durante una parte constante del año, lo que ayudaba al imperio a mantener el control y a la vez fomentaba la expansión, pero también significaba que los hititas se enfrentaban a un ataque constante de la nobleza asiria, que quería expulsarlos de sus hogares conquistados.

Adad-nirari II no se conformó solo con las ciudades neo-hititas y la actual dinastía egipcia. También fue a la guerra dos veces con el poderoso líder de Babilonia y se las arregló para anexar grandes extensiones de tierra alrededor del río Diala. Su sucesor directo consolidó entonces todas estas posesiones y continuó avanzando hacia Asia Menor. No duró mucho tiempo y fue reemplazado por un líder igualmente fuerte, Asurnasirpal II.

El poderoso Asurnasirpal II

Asurnasirpal II se embarcó además en un programa masivo de expansión que le quitó aún más tierra a los estados vecinos. Invadió el área cercana de Aram y conquistó a los arameos y neo-hititas que vivían allí, eliminando uno de los últimos puestos de avanzada neo-hititas en el proceso. Trasladó su capital a la ciudad de Kalhu y comenzó a presumir de las proezas militares de los asirios mientras construía extensos centros culturales en todo el imperio. Los neo-hititas vivirían en muchos de ellos, no como receptores de la cultura, sino a menudo como esclavos.

Asurnasirpal II era infame por su brutalidad y era un administrador estricto y astuto. Se dio cuenta de que era una tontería confiar en los líderes locales para que se convirtieran en gobernadores en los territorios conquistados, así que enviaría a sus propios funcionarios. También esclavizó a muchos de los pueblos que conquistó, tomándolos en cautiverio y forzándolos a trabajar en sus proyectos culturales. Varios relieves de piedra muestran esta brutalidad, que habría afectado a los neo-hititas, ya que vivían en muchas de las regiones tomadas. Como un hecho extraño, mientras que los hombres esclavos o guerreros enemigos eran frecuentemente representados como torturados, desnudos o mutilados, las mujeres esclavas eran usualmente vistas con vestidos de cuerpo entero sin la violencia que las acompañaba. Si alguna parte del cuerpo se mostraba en detalle, solo sería una. Por ejemplo, en una foto podría verse a una mujer completamente vestida con los pies al descubierto, mientras que en otra podría verse el pecho.

Un relieve del exitoso Asurnasirpal II después de batalla

Asurnasirpal II, además, continuó con las políticas que exigían la deportación masiva de los pueblos conquistados a las tierras fronterizas del imperio, que aún estaban bajo control asirio, pero tenían menos recursos. Esta política continuaría bajo su sucesor, Salmanasar III. Salmanasar III fue el responsable de eliminar a los hititas de Karkemish, una última resistencia en Siria no asociada a los reinos hititas originales. Los que sobrevivieron pagaron tributo y fueron eventualmente incorporados al Imperio neo-asirio también.

La incorporación a la sociedad asiria no solo ocurrió en Karkemish, sino en el centro mismo de la antes orgullosa civilización hitita. Hattusa continuó siendo una ciudad importante bajo control asirio y muchos ciudadanos neo-hititas vivían en el imperio, pero aquí es donde la historia de los hititas como su propio pueblo llegó gradualmente a su fin. Ya no se aferraron a su propia cultura y sociedad, sino que fueron asimilados a la potencia que era el Imperio neo-asirio. En el momento de la caída del imperio a finales del siglo quinto a. C., los hititas como grupo ya no parecían existir.

Capítulo 6 –Arte, Simbolismo y Papel en la Biblia

Considerando cómo los hititas incorporaron a los suyos detalles de las numerosas culturas locales que los rodeaban, no debería sorprender que el arte y el simbolismo de los hititas incluya una amplia gama de temas. La sociedad hitita incluía muchas de las formas de arte comunes a los pueblos de la Edad de Bronce, incluyendo estatuas de arcilla y cerámica, relieves de piedra y mitos grabados. Casi todas las historias que sobrevivieron de los hititas eran religiosas y se tratan en el capítulo nueve.

Animales

Los hititas usaban animales como representaciones o símbolos de numerosos dioses. En particular fue la creación de los toros de arcilla, que representaban al Toro Sagrado, un icono común en toda Anatolia. Los ciervos, las aves de rapiña y los bueyes también se utilizaban y tenían significado, mientras que los animales menores, como los diferentes pájaros, se utilizaban para la decoración. Muchos de los animales incorporados en las obras de arte tenían en realidad un significado para las culturas que los hititas dominaban o con las que comerciaban, lo que muestra la tendencia hitita a asimilar aspectos de diferentes orígenes en los suyos propios.

Uno de los usos más comunes del arte animal era hacer ritones de arcilla, o vasijas para beber.

Ritón hitita de arcilla horneada del siglo XIX a. C.

Relieves de Piedra

Los relieves de piedra son una de las formas de arte y decoración más antiguas utilizadas por los humanos. Los hititas comenzaron a incorporar relieves en su arquitectura alrededor del siglo XVII a. C. Las imágenes frecuentemente representaban a los dioses con sus símbolos clave, como el Dios de la Tormenta blandiendo un martillo o Telipinu el Dios del Maíz alrededor de las cosechas. Los relieves mostraban además algunos de los reyes más importantes, así como influyentes luchas de poder entre las familias rivales del norte y del sur.

Entre los siglos XIV y XII a. C., los relieves se hicieron aún más populares. El estilo de arte cambió de simples grabados a imágenes más detalladas con proporciones gruesas y bien definidas. De nuevo, el tema principal de las imágenes era la imaginería religiosa, incluyendo representaciones de sacerdotes y símbolos sagrados como el toro. La mayor parte de este arte se ha encontrado en un lugar conocido como el asentamiento de Alaca Höyük. Los investigadores piensan que podría haber sido la ciudad donde vivía uno de los cultos de Arinna, la Diosa del Sol.

Una escena de la puerta de la esfinge de Alaca Höyük[7]

---

[7] Foto original de Nevit Dilmen.

Este relieve muestra las imágenes más gruesas y densas que son comunes en los relieves de piedra de los siglos posteriores. Los arqueólogos pueden fechar el arte basándose en la ropa, los peinados y otras pistas arquitectónicas del relieve. Estas tallas en piedra se podían encontrar en todos los reinos hititas y todavía aparecieron durante la época de los siro-hititas. En algunos casos, los especialistas especulan sobre si los relieves de piedra encontrados en las fronteras de los territorios fueron utilizados o no para marcar donde comenzó y terminó la influencia hitita. Esta teoría se ha visto apoyada por el hallazgo de aún más relieves en zonas consideradas como colonias fronterizas o en estados vasallos.

Hititas en la Biblia

No debería sorprender que los hititas protagonizaran la Biblia hebrea en numerosos papeles. Existían alrededor de la misma época en que el judaísmo se extendió por todo el Medio Oriente, el Lejano Oriente y en secciones de Asia Menor que tenían poblaciones de pueblos que hablaban lenguas semíticas. Existe un gran debate sobre si los hititas mencionados en la Biblia, también llamados el pueblo de Hatti, eran realmente miembros del reino hitita o si el título tenía la intención de describir a algunos de los nómadas que habitaban en las colinas de Anatolia. Después de todo, algunos libros de la Biblia hablan de ejércitos de carros que luchan por un rey, pero otros hablan de tribus con nombres semíticos como Abraham. Hay casos para ambas escuelas de pensamiento, pero la mayoría de los eruditos están de acuerdo en que la Biblia hace referencia a muchos aspectos de la cultura hitita tanto durante su apogeo como reino estructurado como durante su deconstrucción como pequeñas ciudades y grupos migratorios.

Una de las Primeras Biblias Impresas

Los hititas aparecen por primera vez en el Libro del Génesis. Son vistos como descendientes de uno de los primeros pueblos y también se les conoce como los "hijos de Heth". Abraham pudo obtener un terreno con una cueva para enterrar a su esposa hitita, y el nieto de Abraham supuestamente tenía dos esposas hititas. Aparecen más tarde también, como una de las siete naciones actualmente mayores que los hebreos que un día serán conquistadas, tomando su lugar entre los cananeos, heveos, amorreos, ferezeos, gergeseos y jebuseos. Se menciona además que muchos hebreos vivieron con y se casaron con hititas alrededor del 1000 a. C., posiblemente como una referencia a los crecientes reinos siro-hititas en toda Anatolia.

Alrededor de la época del reinado de Salomón en el 950 a. C., los hititas son uno de los pocos pueblos de los cuales los hebreos fueron incapaces de eliminar por completo. Los hititas rinden homenaje a Salomón junto con otros grupos como los egipcios. Salomón también tenía varias amantes hititas, y un hitita era el marido de Betsabé, la madre de Salomón. Cerca del 850 a. C., también se menciona que los sirios huyeron de sus hogares porque temían que los hititas en sus carros vinieran, habiendo sido contratados por Israel. La siguiente cita proviene de 2 Reyes 7:6:

"Porque el Señor había hecho el ejército de los Siros para oír el ruido de carros, y el ruido de los caballos, el ruido de un gran ejército; y se dijeron el uno al otro: He aquí que el rey de Israel ha contratado a los reyes de los hititas, y los reyes de los Egipcios, para decender sobre nosotros"[8].

Por último, hay referencias más adelante en la Biblia a la idea de que los matrimonios mixtos entre hititas y otros pueblos como los hebreos eran despreciados, lo que refleja un cambio de actitud hacia la estructura de las sociedades siro-hititas. Esdras 9:1 describe esta práctica como una abominación con la línea:

"Cuando se hicieron estas cosas, los príncipes vinieron a mí diciendo: "El pueblo de Israel, los sacerdotes y los levitas no se han separado de los pueblos de las tierras, haciendo según sus abominaciones lo que hicieron los cananeos, los hititas, los ferezeos, los jebuseos, los amonitas, los moabitas, los egipcios y los amorreos""[9].

Para muchas personas en el mundo occidental, la Biblia fue probablemente el primer o único lugar donde escucharon mencionar a los hititas. Debido a esto, la Biblia ha tenido un impacto duradero en mantener algunos aspectos de la cultura y la sociedad hititas disponibles para los estudiosos. A pesar de que existe un debate sobre la exactitud y si los hijos de Heth realmente se refieren a los hititas, el lector puede ver la transición gradual de un reino unificado a ciudades y tribus desorganizadas. También puede darse cuenta de cómo las actitudes culturales cambiaron con la transición de la Edad de Bronce a la Edad de Hierro, ya que los grupos étnicos comenzaron a separarse unos de otros y evitaron los matrimonios o las relaciones sexuales mixtas.

---

[8] La Biblia del Rey Jaime.
[9] La Biblia del Rey Jaime.

Capítulo 7 - Vida legal y cotidiana de los Hititas

Los hititas tomaron prestados numerosos aspectos de su vida cotidiana a sus vecinos de Anatolia, incluyendo a los hurritas y a los pueblos del mar. La cultura hitita puede entenderse mejor como una miríada de elementos de los alrededores, todos mezclados para formar una creación única.

Debido a que los hititas existieron durante 1.000 años, muchos aspectos de la vida diaria cambiaron con el tiempo. Sin embargo, algunos aspectos permanecieron consistentes. En particular, la gente continuó vistiéndose relativamente igual, usando procedimientos médicos similares, y viviendo en alojamientos que seguían patrones culturales. Además, la dieta general se mantuvo igual debido a la dificultad de encontrar nuevas fuentes de alimentos. Es importante recordar que, si bien los hititas formaron un imperio, seguían confinados a Anatolia y no tenían muchas oportunidades de comerciar con personas de diferentes regiones geográficas.

Vivienda

Hay muy pocas muestras de viviendas hititas rurales que sobrevivan, por lo que la mayor parte de la información sobre cómo los hititas estándar vivían proviene de las ruinas encontradas en Hattusa. La mayoría de las casas estaban hechas de elementos comunes y resistentes como ladrillos y arcilla. Estaban pintadas con cal blanca como decoración. La piedra solo se usaba para edificios oficiales o administrativos, ya que era difícil de juntar y dar forma a los bloques de construcción.

Muchas casas solo tenían una habitación cuadrada, especialmente si los propietarios eran de clase baja o agricultores. Las personas más ricas podían permitirse tener varias habitaciones, normalmente dispuestas en una larga fila. No era raro tener ventanas altas para dejar entrar la luz del sol. Cortinas o mantas hechas en casa se colgaban sobre las aberturas para mantener la habitación fresca o para bloquear demasiada luz. Los suelos eran de tierra y las familias dormían juntas en una habitación, a menos que fueran ricas.

Las bodegas no estaban unidas a la casa principal, pero estaban cerca de ella. La gente almacenaba el grano, el aceite y la cerveza casera en simples jarras de arcilla, ya que eran las tres principales fuentes de nutrición de los plebeyos.

Las casas de los centros urbanos como Hattusa estaban abarrotadas, casi apiladas unas sobre otras. Mucha gente vivía cerca de los mercados, mientras que los palacios, templos y edificios administrativos tenían sus propias secciones dentro de la ciudad. Las viviendas rurales estaban naturalmente más alejadas unas de otras porque normalmente se encontraban en el centro de las tierras de cultivo o de los pastos de propiedad.

Vestimenta

Los hititas tenían acceso limitado a diferentes textiles o materiales. Las mujeres de los hogares confeccionaban la mayor parte de la ropa de sus familias con lino o lana que se podía recoger de las ovejas y convertir en telas en el hogar. El cuero se utilizaba ocasionalmente para hacer zapatos y cinturones, pero se reservaba principalmente para hacer armaduras para los soldados. Las mujeres llevaban bufandas en la cabeza llamadas *kuressars* y largas túnicas o vestidos que cubrían sus cuerpos. Los hombres llevaban túnicas y cubre piernas que se asemejaban a las faldas. Algunas fuentes indican que el zapato hitita tradicional se enroscaba en los dedos y se fabricaba con cuero para combatir el terreno rocoso. La gente de ambos sexos usaba joyas como símbolo de estatus.

Medicina

A pesar de ser una de las civilizaciones más militaristas de la Edad de Bronce, los hititas tenían una política de fronteras abiertas en lo que se refiere a la medicina. Las cortes del rey aceptaban regularmente médicos extranjeros prestados por otros reinos poderosos como Babilonia y Egipto. La mayoría de los médicos eran varones, pero no era raro que las mujeres se unieran a la profesión o sirvieran como parteras, o practicaran un arte de curación llamado "Mujeres Viejas". Cuando nacía un bebé, estos practicantes especiales se reunían alrededor de la madre para ayudar en el parto y también recitaban cánticos especiales para asegurar la salud y la fortuna del niño. Un ejemplo de ello sería:

"¡Y ven! Como el viento y la lluvia no pueden levantar el santuario de roca de su lugar, porque en esta (casa) nació, ¡de la misma manera no dejen que una cosa maligna levante su vida de su lugar! ¡Y que también sea protegido! ¡Y que esté vivo para la eternidad!"[10].

El papel de estas mujeres demuestra cómo la medicina hitita, y en realidad la totalidad de la práctica en toda Anatolia, enfatizó la importancia de la espiritualidad al tratar de curar y proteger. Los espíritus podían enfermar a la gente según los hititas, así que tenía sentido que algunos médicos se centraran en la práctica de apaciguar a estas entidades para hacer que alguien se recuperara.

---

[10] Bryce, Trevor. "La vida y la sociedad en el mundo hitita". Oxford University Press.

Comida

El clima de Anatolia proporcionaba una variedad de opciones agrícolas a los agricultores de la civilización hitita, ya que la zona incluía desde cordilleras hasta mesetas fértiles y desiertos. La mayoría de los agricultores cultivaban trigo para convertirlo en pan y cebada para hacer cerveza, ya que los pueblos antiguos evitaban beber agua debido al riesgo de enfermedades. Las legumbres como los garbanzos también eran una opción popular, y muchos miembros de la clase alta disfrutaban de frutas raras como los higos cuando estaban en temporada. Muchos de los hititas eran agricultores de subsistencia que enviaban cosechas adicionales a los pueblos cuando había cosechas razonables. Las grandes ciudades frecuentemente tenían graneros donde se almacenaban las cosechas extra hasta épocas de hambruna o de escasez prolongada.

Trigo

El ganado era otra valiosa fuente de alimento. Los hititas rara vez cazaban, por lo que dependían de los animales domésticos para la carne. Algunas opciones populares incluían vacas, cabras y ovejas. Los ciudadanos comunes no comían carne todos los días o incluso todas las semanas, ya que era un recurso poco común pero muy apreciado. La mayoría de la gente comía granos y vegetales diariamente, lo que creaba una dieta saludable, aunque no satisfactoria.

Evolución de la ley

Los escribas grabaron los códigos de la ley hitita en tablillas de arcilla cocida para facilitar el acceso. Los arqueólogos descubrieron placas de varios períodos de tiempo diferentes a lo largo de la Edad de Bronce y pudieron identificar su edad basándose en la datación científica y el estilo cuneiforme de los documentos. Dos tablillas principales, cada una de las cuales contiene exactamente 200 artículos jurídicos, constituyen la base del conocimiento moderno del sistema jurídico hitita durante el período del Reino Antiguo. El conocimiento de las leyes del Reino Medio y Nuevo se encontró en los monumentos de toda Anatolia que llevaban la escritura hitita y describían los cambios en los castigos por crímenes específicos. Algunos estudiosos observan similitudes entre los castigos hititas y los que se encuentran en los libros bíblicos del Éxodo y el Deuteronomio. La mayoría de los crímenes se castigaban con la muerte, la tortura o con compensaciones y multas.

La ley hitita era muy específica y tenía poco espacio para la flexibilidad. Los crímenes y delitos se esbozaban en gran medida y frecuentemente tenían castigos exactos que seguían las convenciones sociales establecidas. Los ciudadanos masculinos libres probablemente recibían más compensación por los delitos cometidos en su contra que las mujeres libres, y los esclavos de ambos sexos tenían pocos o ningún derecho en el sistema jurídico. La destrucción de la propiedad era el delito que tenía más leyes escritas al respecto, y los hombres volvían a recibir más compensación que las mujeres. Los esclavos podían ser castigados o ejecutados por sus propietarios según estos lo considerasen oportuno, y no era raro que las relaciones esclavo/propietario dieran lugar a que el propietario se quedase con todos los hijos menos uno. Algunos historiadores especulan que los esclavos podían quedarse con un niño para que se supiera el parentesco de los niños, pero nadie está seguro. En los casos de separación o divorcio de hombres y mujeres libres, la mujer podía quedarse con todos los niños menos uno, ya que el papel de la mujer en la sociedad hitita era el de madre.

Las leyes hititas podrían separarse en 8 tipos diferentes.

1. Agresión y asalto
2. Relaciones matrimoniales
3. Obligaciones y servicio
4. Agresiones sobre propiedad y robo
5. Contratos relacionados con los precios internos
6. Asuntos religiosos
7. Contratos relacionados con aranceles comerciales
8. Relaciones sexuales

Es importante señalar que los hititas penalizaban la brutalidad, pero no hacían lo mismo con la homosexualidad, que era típicamente castigada por las civilizaciones de la Edad de Bronce que no la practicaban. Las leyes tampoco fueron escritas en segunda persona, sino en tercera. Por ejemplo:

"Si alguien hace abortar a una esclava, si es su décimo mes, pagará 5 siclos de plata".[11]

Las leyes del Reino Antiguo establecen castigos más severos que las del Reino Nuevo. Los crímenes en el Reino Antiguo tenían más probabilidades de resultar en tortura o muerte, especialmente relacionados con asalto, robo, asesinato, brutalidad y hechicería. El incesto se castigaba además con la muerte. La tortura pública y la ejecución final era el castigo prescrito para los delitos contra la religión, que se consideraban las transgresiones más graves de todas.

---

[11] Hoffner, Harry A. "Las leyes de los hititas. Una edición crítica". *Documenta et Monumenta Orientis Antiqui,* 23. Leiden: E. J. Brill. 1997.

Los historiadores creen que las leyes hititas originales se fundaron sobre la base de la religión y fueron importantes para preservar el poder del Estado sin depender exclusivamente de la fuerza militar. Los castigos eran severos para tratar de disuadir las malas acciones, que a menudo eran difíciles de castigar debido a la naturaleza extendida del imperio hitita. La lógica era que la gente no estuviese dispuesta a cometer delitos porque los castigos eran severos, incluso si había falta de seguridad o de guardias en la zona. Solo el rey podía perdonar los crímenes, pero nadie podía ser perdonado por un asesinato.

No hay suficientes pruebas para determinar por qué los castigos en el sistema legal hitita cambiaron gradualmente durante los siglos XVI y XV a. C. Mientras que el antiguo sistema se basaba en gran medida en la tortura y la muerte, el nuevo vio a la mayoría de los crímenes ser castigados financieramente con leves multas e indemnización a la parte perjudicada. Algunos especulan que el cambio fue impulsado por el desarrollo del *Pankus* en el siglo XIV a. C. Telipinu I creó el *Pankus*, que era un cuerpo legislativo capaz de juzgar crímenes constitucionales. Incluso el rey podía ser forzado a ser juzgado y castigado si sus acciones lo justificaban. El *Pankus* tuvo mucho éxito y persistió hasta la caída del Reino Nuevo.

Capítulo 8 – Estructura Militar

Los hititas necesitaban un ejército fuerte para sobrevivir en Anatolia. Mientras que al principio los pueblos estaban dispersos, el poder se centralizó gradualmente y hubo cada vez más gente de diferentes culturas, como los hurritas, que se unieron o cayeron en escaramuzas.

El Sistema Feudal

Una gran parte de la sociedad hitita dependía del sistema feudal, en el que la tierra era propiedad de familias específicas que a su vez servían a la monarquía suministrando soldados en tiempos de guerra. Los campesinos a menudo trabajaban estas tierras a cambio de una parte de las cosechas producidas y la protección de otros señores o invasores. Esta estructura duró todo el Reino Antiguo e incluso continuó después del establecimiento del *Pankus*, mencionado anteriormente.

A menudo había tensión entre los poseedores de los feudos y el rey de Hattusa, ya que algunos de los señores podían llegar a ser tan poderosos como la monarquía. Como su trabajo a tiempo completo era prestar el servicio militar, a menudo estaban muy bien entrenados en la lucha y la estrategia militar y tenían legiones de soldados que podían luchar contra la monarquía en cualquier momento. Debido a la posición de los feudos en comparación con la monarquía, a menudo había luchas de poder en tiempos de paz. En la guerra, las familias influyentes de Hattusa podían reunirse y utilizar un ejército cohesivo.

Los Efectos del Sistema Feudal

Debido a que los hititas requerían tal diversidad en el campo de batalla, necesitaban un ejército disciplinado, bien entrenado y capaz de adaptarse a nuevos entornos. Sorprendentemente, a pesar de no tener una fuerza nacional, los hititas fueron capaces de desarrollar un ejército cohesivo utilizando el feudalismo. Los soldados de la monarquía formaban el núcleo de los soldados, mientras que los poseedores de feudo complementaban esta gran fuerza con sus propios hombres. En muchos casos, también se crearon nuevos vasallos. A los hombres se les daba suficiente tierra para mantenerse a cambio de una vida de servicio militar. Esto significaba que podían dedicar su tiempo al entrenamiento y la disciplina en lugar de trabajar en una profesión diferente y luego ser forzados al campo de batalla.

Los números reunidos en la batalla de Qadesh fueron verdaderamente únicos para los hititas, ya que nunca habían creado una fuerza militar tan grande. Los hititas normalmente confiaban en la sorpresa y en tácticas superiores para superar a sus enemigos. Estos métodos sigilosos se ven mejor en la infame batalla de Qadesh. La siguiente sección trata el conflicto con más detalle para demostrar por qué la estrategia militar hitita era efectiva en ráfagas cortas, pero sufría cuando estaba en terreno abierto.

Introducción a la Batalla de Qadesh y el Sistema Decimal

Los historiadores tienen problemas para reunir información sobre la estructura militar hitita. Se especula que se asemejaba mucho a la organización de otras civilizaciones antiguas de la época, como la egipcia y la hurrita. El mayor cuerpo de conocimiento histórico sobreviviente sobre su ejército es la legendaria batalla de Qadesh entre los hititas y los egipcios. Está escrita en los registros y también sobrevivió como una famosa historia contada por los egipcios. Antes y durante la batalla de Qadesh, Ramsés II, quizás el faraón guerrero más grande de Egipto, trató de conquistar el territorio hitita y añadirlo a su propio imperio. Esto se debió a que los hititas representaban una amenaza constante para Siria. Según el pensamiento estratégico de los egipcios, cualquier amenaza a Siria eventualmente dañaría a Palestina, y entonces el Nilo se enfrentaría a problemas.

Ramsés II en la Batalla de Qadesh

Así que Ramsés II se esforzó en cortar la cabeza de la serpiente de influencia hitita. Los especialistas estiman que, en la batalla de Qadesh, entre 25.000 y 30.000 egipcios marcharon entre 17.000 y 20.000 hititas, que habían sido convocados por el rey Muwatalli. Los registros de este conflicto permiten a la gente entender un poco sobre el ejército de los hititas. En particular, los historiadores pueden ver que no solo se basaba en un sistema feudal, sino que el ejército de los hititas seguía la misma regla del 10, también conocida como el sistema decimal, visto en otros ejércitos antiguos.

En el sistema decimal, los carros, arqueros e infantería estaban organizados en escuadras de diez. Diez escuadras formaban una compañía, y diez compañías serían entonces un batallón. La infantería formaba escuadras de diez hombres de ancho y diez de largo, de modo que se desplegaban cien soldados a la vez. Estas tácticas se vieron con frecuencia en otras civilizaciones militaristas como los mongoles, que perfeccionaron este estilo.

La Falange

Otro estilo militar visto durante la batalla de Qadesh y otros conflictos fue la falange. El público moderno podría reconocer esta organización a partir de las dramatizaciones de las batallas griegas de la antigüedad. En la falange, los soldados de infantería formaban un grupo apretado y compacto que marchaba hacia adelante en un rectángulo. Los soldados estaban equipados con largas lanzas, picas o armas similares que podían hacer daño a distancia. La idea detrás de la falange era crear un muro de soldados que fuera difícil de romper para el enemigo. A menudo se utilizaba para vigilar el territorio o para atravesar las duras líneas de soldados enemigos.

Municiones y Armamentos

Debido a que la monarquía hitita se basaba en los señores feudales para suministrar a los soldados en lugar de utilizar un ejército nacional, el armamento cambiaba con frecuencia. Algunos batallones usaban espadas de hoz mientras que otros podían ser vistos con hachas y lanzas. Los soldados del Reino Antiguo podían verse con escudos distintivos de "figura 8" diseñados para pesar menos que los modelos rectangulares, sin dejar de proporcionar una cantidad razonable de protección para el cuerpo. Los pequeños escudos para el combate cuerpo a cuerpo crecerían en popularidad durante el Reino Nuevo.

Tampoco había un estándar de armadura, ya que el terreno y el entorno escarpado de Anatolia significaba que los soldados lucharían en diferentes condiciones en todo el territorio hitita. Los comandantes repartían diferentes niveles de cuero o armadura a escala, dependiendo de dónde se produjera la lucha. Un casco de metal acompañaba a la mayoría de los soldados en la batalla, al igual que unas robustas botas de cuero que podían soportar el terreno montañoso. Mientras estaban en las montañas, la infantería evitaba usar lanzas y presentaba formaciones más sueltas que sus homólogos en territorio abierto, que usaban lanzas y se agrupaban en falanges.

Cuando los militares podían luchar en campo abierto, los hititas usaban carros capaces de llevar tres soldados a la vez. Sus carros eran más pesados que los modelos egipcios y estaban diseñados para acercarse a los enemigos. La tripulación llevaba un arpón de 1,80 m de largo para usar como lanza y así poder atravesar a los soldados mientras avanzaban. Una vez en el rango de combate cercano, los soldados desmontaban y formaban tríos de infantería pesada capaces de atravesar a la oposición.

Dibujo de un carro hitita en un relieve egipcio

A diferencia de los carros egipcios, el eje de la rueda de un modelo hitita estaba cerca del centro del chasis principal de transporte donde estaban los soldados. Esto disminuyó la velocidad y la estabilidad del vehículo, pero aumentó su capacidad para transportar más soldados. Esta gran diferencia de diseño con respecto a los otros carros del Cercano y Lejano Oriente puede explicarse por el terreno de Anatolia. El terreno era tan accidentado y montañoso que había pocas oportunidades de usar las máquinas de guerra impulsadas por caballos. Cuando los carros eran usados por los hititas, era frecuentemente en distancias cortas.

Debido a estas condiciones, no había razón para invertir en la velocidad o la estabilidad, ya que el objetivo era transportar el mayor número de soldados del punto A al punto B y tomar al enemigo por sorpresa. La batalla de Qadesh fue estimada como la mayor batalla de carros en la historia de los hititas con más de 5.000 de ellos utilizados en conjunto por los egipcios y los hititas.

Explicación de la Batalla de Qadesh

Qadesh era una ciudad situada en la cabecera del río Orontes o cerca de ella, en territorio hitita. Estaría alrededor de Siria en la época contemporánea. Ramsés II cruzó desde su propia tierra egipcia y marchó con su ejército sobre la ciudad en un intento de romper el poder de los hititas que él pensaba que era una amenaza a su propio poder en la región. Se acercó desde el sur y estableció un campamento llamado Amón, una decisión que resultaría desacertada, ya que había sido engañado por un par de espías. Estos espías informaron al faraón de que los hititas seguían en Alepo al norte. En su lugar, el rey Muwatalli de los hititas había reunido sus fuerzas y las de varios aliados que esperaban detrás de Qadesh.

Un tallado egipcio de los dos espías torturados por los egipcios

Es importante señalar que, incluso al principio de la batalla, los hititas confiaban en los elementos de sigilo para luchar contra sus enemigos. Acecharon y permitieron a los egipcios establecerse al sur de Qadesh sin atacar, solo para poder sorprender a Ramsés II. Incluso cuando dos soldados hititas - no los espías - fueron capturados y obligados a revelar la verdadera ubicación del ejército del rey Muwatalli, ya era demasiado tarde para Ramsés II. Mientras el faraón intentaba hacer llegar a varias de sus divisiones al campamento del sur de Qadesh, los hititas atacaron.

Los carros hititas rodearon Qadesh, cruzaron dos ríos y atacaron una división recién llegada, que venía a ayudar a las fuerzas del faraón varadas al sur de la ciudad. Sorprendidos, la nueva división se dispersó. Algunos miembros huyeron por donde vinieron, mientras que otros intentaron moverse hacia el norte al campamento egipcio. Los carros se dirigieron hacia la posición de Ramsés II y atravesaron el muro del escudo de Amón formado por los soldados. El pánico se extendió entre los egipcios, pero los hititas rápidamente perdieron la ventaja. Sus carros y números estaban diseñados para ataques rápidos que se suponía que aplastarían al enemigo. Una vez que su elemento de sorpresa desapareció, los soldados hititas lucharon por mantener su posición.

Además, no ayudó a los hititas que los cuadrigueros que rompieron el muro del escudo de Amón y derrotaron originalmente a los soldados celebraran una victoria temprana. Bajaron de sus carros y saquearon el campamento, pensando que el día estaba ganado. En su lugar, Ramsés II lideró su guardia personal en varios ataques rápidos de carros. Los hititas fueron conducidos de vuelta a sus carros y hacia el río Orontes que cruzaron en su ataque inicial contra la División Re. Debido a que los carros hititas no fueron diseñados para la velocidad, muchos fueron superados por las máquinas egipcias más ligeras.

En este punto, el rey Muwatalli reunió al resto de sus fuerzas y ordenó la carga de otros 1.000 carros. Los estrategas y líderes hititas normalmente no enviaban todas sus tropas a la vez, de nuevo para mantener un elemento de sorpresa y evitar que sus ejércitos fueran derrotados en una sola carga. Sin embargo, esta vez los egipcios pudieron sorprender a los hititas cuando llegaron dos divisiones más. El ejército hitita fue inmovilizado contra el río y forzado a huir a la ciudad en lugar de mantener un nuevo territorio. Varios relatos mencionan que muchos de los soldados se ahogaron al intentar volver a Qadesh.

Aunque la batalla de Qadesh no fue una victoria hitita, tampoco fue una pérdida. Aunque hay relatos contradictorios en los registros egipcios e hititas, la mayoría de los expertos creen que el conflicto terminó en un empate. Ambas partes perdieron cantidades importantes de tropas y no se ganó territorio para ninguna de ellas, ya que los egipcios y los hititas quedaron varados a ambos lados de Qadesh. Sin embargo, lo que puede observarse es que los hititas pudieron utilizar sus tácticas y estrategias para mantener su posición frente a una fuerza egipcia mucho mayor, lo que apoya la idea de que un ejército sigiloso pero disciplinado podría durar todavía contra una gran fuerza como la egipcia.

Capítulo 9 –Los Rituales y la Mitología de los Antiguos Hititas

Una gran cantidad de información sobre los hititas se ha perdido en las arenas del tiempo. Quedan pocas reliquias, tablillas u otros artefactos que puedan explicar la vida diaria de los hititas religiosos, si tenían o no medios de devoción personal en sus casas, y la gran estructura de sus dioses. Los arqueólogos e historiadores lograron obtener alguna información sobreviviente de los antiguos trabajos de los escribas, que trabajaban para la burocracia y registraban importantes detalles sobre el funcionamiento de la civilización.

Los hititas eran politeístas, lo que significa que adoraban a más de una deidad. El mundo de los hititas estaba lleno de espíritus y entidades sobrenaturales que habitaban todos los aspectos de la vida, incluyendo la tierra, el cielo, el fuego e incluso materiales como la plata. No era raro que los objetos mismos poseyeran alguna forma de sentimiento o voluntad en los mitos y leyendas, como el fuego del sol que se enfurecía y se enroscaba como una serpiente. Para mantenerse al día con tantas deidades, existía una multitud de templos para adorar a dioses específicos. Los hititas mantenían a estas entidades apaciguadas con ciertos ritos, sacrificios y tributos. Por lo general, estos no se daban en un momento específico, sino más bien como una súplica de acción o pago por los servicios prestados. Por ejemplo, un pueblo podía sacrificar una vaca para agradecer a Telipinu, el dios del maíz, por una buena cosecha.

La Jerarquía de los Dioses

Como muchas religiones, la religión hitita poseía una jerarquía en la que ciertos dioses eran más poderosos que otros o jugaban un papel más importante en el cosmos. Por encima de todas las demás deidades estaba el dios de la tormenta que era responsable de preservar la vida en la tierra y de proveer a los humanos con las necesidades de la vida. Gobernaba el cosmos de una manera similar a la de otras religiones antiguas, como en la mitología griega con Zeus o la mitología nórdica con Thor. La civilización hitita también practicaba el sincretismo, lo que significó que con el tiempo se incorporaron más deidades a la religión principal. A medida que su poder se extendía y adquirían más territorio, los hititas adoptaban los dioses y las costumbres religiosas de los pueblos que ya vivían allí y los incorporaban a su propio panteón. Más de una inscripción sobreviviente menciona que los hititas tenían "mil dioses" que controlaban aspectos cruciales pero mundanos de la vida como las tormentas, el clima y el cumplimiento de los juramentos.[12]

Muchos de los nombres de las deidades son desconocidos. Los historiadores y arqueólogos determinaron que varios de los principales dioses cambiaron sus nombres para que coincidieran con las deidades locales a medida que los hititas asimilaban gradualmente otras culturas de Anatolia como propias. En otros casos, los miembros significativos de las religiones locales se agregaron a la de los hititas y se cambiaron ligeramente para adaptarse a la cultura diferente. A pesar de la pérdida de muchos de los nombres originales,

---

[12] Gurney, O.R. *Algunos aspectos de la religión hitita.* Schweich Lectures. 1976-1977. Pg. 4-23.

varios dioses se destacan ya sea como incorporaciones de otra religión o como deidades importantes dentro de la religión hitita. Entre ellos están Kumarbi, Tarhunt, Arinna, Telipinu, Inara, Ishara, Hannahannah y Kamrusepa.

Tarhunt y Arinna eran la pareja principal de la que los reyes de los hititas derivaban su autoridad, aunque su lugar en el panteón religioso real no era específico. Arinna, en particular, estaba asociada con el estado y era en su ciudad principal donde los reyes recibían sus coronas. Se creía que Tarhunt y Arinna tenían el poder del reino hitita, y no era raro que el monarca se refiriera a ambos como padre y madre. El rey y la reina eran considerados el sacerdote principal y la sacerdotisa de Arinna, y ambos rezaban diariamente por la noche por Arinna. Esta pareja destaca cuando se la compara con otras deidades, y por lo tanto tienen su propia sección aquí, porque eran los más vistos en la vida cotidiana. También ocupaban posiciones especiales en las leyendas, ya que se les daba más importancia y atención que a otras deidades.

En las leyendas y las épicas, casi nunca había una sola deidad importante. En cambio, los dioses y diosas frecuentemente tenían que trabajar juntos para resolver un problema porque el asunto a menudo afectaba a diferentes aspectos de la vida. Mientras que había cierta semejanza de una jerarquía con la poderosa pareja de Tarhunt y Arinna en la cima, las otras deidades seguían ejerciendo su influencia y se tallaban nombres para sí mismas. También es importante el hecho de que muchos mitos involucran personajes humanos. Aunque desempeñan un pequeño papel, los humanos casi siempre ayudan a los dioses, lo que demuestra la importancia de la coexistencia entre lo mortal y lo divino.

Kumarbi

Kumarbi era el dios principal de los hurritas. Una gran parte de la población hitita era en realidad hurrita, lo que los historiadores suponen que es la forma en que Kumarbi llegó a ser uno de los principales dioses de la cultura hitita. Kumarbi era el hijo del cielo y el personaje titular de la *Realeza en el Cielo,* una famosa leyenda hitita. Se conservan tres tablillas que cuentan la historia, pero la mayoría de las inscripciones son ilegibles y los arqueólogos no han podido descifrarlas.

Según la leyenda, Kumarbi derrocó a su padre, Anu, el sol. Anu había derrocado a Alalu, el progenitor de las deidades hurritas y potencialmente el padre de la tierra. Cuando Anu intentó escapar de su hijo, Kumarbi le arrancó los genitales a mordiscos. Esto provocó que Kumarbi se quedara embarazada de tres dioses distintos: Tarhunt, Tigris, y Tashkent. Kumarbi escupió en el suelo y la tierra quedó embarazada de Tigris y Tamsus en su lugar, mientras que Tarhunt tuvo que ser cortada de la carne de Kumarbi. Juntos, Tarhunt y Anu deponen a Kumarbi. Aquí es donde termina esta versión de la historia.

En otra versión, Alalu, Anu y Kumarbi son los co-gobernantes del cielo y no se pelean entre ellos. En su lugar, uno de los hijos de Kumarbi intenta derrocar a su padre, abuelo y bisabuelo. Quedan muy pocos detalles sobre esta versión de la leyenda, y los estudiosos no están seguros del final. Lo que sí saben es que esta versión del mito de la creación hitita se asemeja mucho a la de los hurritas. También ha sido comparada con el posterior mito de la creación griega, donde Cronos el Titán se come a sus hijos y finalmente escapan.

Kumarbi se mencionó adicionalmente en varias otras leyendas y mitos populares. Apareció, aunque no siempre jugó un papel importante, en la *Canción de Ullikummi,* la *Canción de Plata,* el *Mito del Dragón Hedammu,* y la *Realeza del Dios Kal.*

Tarhunt

Tarhunt es la más conocida de las deidades hititas y también se cree que es un remanente de los hurritas. Una vez fue considerado una de las dos deidades más poderosas de la teología hitita, siendo la otra su esposa, la diosa del sol, Arianna. Tarhunt posee muchos nombres en las culturas de las civilizaciones antiguas, incluyendo Teshub, Teshup y Taru. Era el dios de las tormentas y los cielos y el hijo directo de Kumarbi. Algunos de sus títulos asociados fueron el conquistador o el rey del cielo, dependiendo de la historia. Los historiadores creen que fue asimilado a la cultura hitita durante el siglo XIII a. C., durante el gobierno de Muwatalli II. Los hititas creían que mantenía el equilibrio del cosmos para preservar la vida humana en la tierra.

Las representaciones de Tarhunt lo incluyen en la cima del Toro Sagrado de Anatolia o bien blandiendo un triple rayo y un martillo o maza. Típicamente lleva una corona de cuernos y fue concebido cuando su padre, Kumarbi, le arrancó los genitales a su abuelo. Las imágenes de Tarhunt demuestran algunos de los elementos culturales más significativos de los hititas, incluyendo su culto al Toro Sagrado. La gente familiarizada con las historias bíblicas de los hititas también estaría familiarizada con el cuento del becerro de oro hecho por los israelitas cuando Moisés estaba en la montaña.

El Toro sagrado representaba muchas cosas diferentes en las culturas antiguas. A veces el Toro simbolizaba la buena fortuna, mientras que en otras civilizaciones representaba la fuerza vital de la tierra, el poder o el día. Los hititas tomaron prestado el significado del Toro sagrado de los hurritas. Tarhunt cabalgaba sobre dos toros llamados "Seri" y "Hurri", o día y noche. Pastaron sobre ciudades en ruinas destruidas por Tarhunt, quien simbolizaba el poder de los cielos a través de su control de las tormentas.

Muchos mitos describen a Tarhunt como un guerrero. Su leyenda más conocida cuenta su derrota del dragón Illuyanka. En la primera versión, las dos batallas y Tarhunt pierden. Él habla con otra diosa para pedirle consejo, y ella le promete su amor a un mortal a cambio de la ayuda de este. La diosa le da comida y bebida a Illuyanka hasta que el gran dragón se duerme, momento en el que el mortal lo ata. Tarhunt aparece entonces y derrota al dragón junto con varias otras deidades.

En la segunda versión de esta historia, la pérdida de Tarhunt ante Illuyanka le cuesta los ojos y el corazón. Buscando venganza, el dios de las tormentas se casa con una diosa y tiene un hijo, Sarruma. Sarruma finalmente llega a la edad adulta y se compromete con la hija de Illuyanka. Tarhunt insiste en que su hijo pida que le devuelvan sus ojos y su corazón como regalo de bodas, a lo que Illuyanka accede. Al recuperar sus órganos, Tarhunt se prepara para matar a Illuyanka. Al darse cuenta de que fue usado, Sarruma insiste en que su padre lo mate también. Tarhunt destruye tanto a Illuyanka como a Sarruma con sus tormentas.

Tarhunt con su firma de armas en un bajorrelieve en Ivriz

Arinna

Arinna es mejor conocida como la diosa del sol de Arinna porque Arinna era el principal asentamiento donde se adoraba su culto. Los hititas no tenían una deidad solar singular, sino que asignaban el papel de dios del sol a varios personajes como el dios del sol del cielo o la diosa del sol de la tierra. Arinna tenía una posición inusual, ya que había otras deidades que tenían títulos de dios del sol, pero se consideraba que Arinna estaba por encima de todas ellas. Arinna era la esposa de Tarhunt y considerada una de las dos deidades principales de la teología hitita. Su símbolo era un disco solar, que podía ser hecho de oro, plata o cobre por los hititas. Aparecía como cualquiera de estos tres materiales en descripciones escritas e imágenes talladas.

Aunque Tarhunt era la principal deidad masculina, Arinna era considerada la más influyente para los monarcas y la controladora de la realeza, incluyendo a los no gobernantes. A partir de ella, los monarcas alcanzaron su poder y le sirvieron como el sacerdote y la sacerdotisa principal, como se mencionó anteriormente. Otro de sus nombres era "Reina de todas las tierras".

A pesar de ser quizás la deidad más influyente de los hititas, queda poca información sobre sus mitos y leyendas. Los ciervos eran considerados uno de sus animales sagrados y aparecen en varios de los templos de su ciudad. A menudo se la representa como una mujer sentada con una aureola alrededor de su cabeza. El águila era su mensajera, y en algún momento, decoró el manzano con su varita mágica, posiblemente en referencia a que ella hizo que diera frutos.

Arinna tuvo muchos hijos con Tarhunt, incluyendo a los influyentes Nerik, Mezulla, Zippalanda y Telipinu. Nerik y Zippalanda eran dioses del tiempo mientras que Mezulla era una diosa menor conocida como intermediaria y ayudante de campañas militares. Telipinu era el dios del maíz.

Telipinu

Telipinu, como muchas otras deidades hititas, cumplió varias funciones importantes. Mientras que se le conocía como el dios del maíz, otros especulan que también era la principal deidad de la agricultura y se le consideraba responsable de una cosecha exitosa. Los registros indican que cada 9 años, los hititas reunían y sacrificaban 50 bueyes y 1.000 ovejas para honrar a Telipinu. Su símbolo era el roble, que también se replantaría en la gran celebración.

Algunos reyes incluían a Telipinu en sus oraciones diarias, incluyendo a Muršili II. Varios reyes incluso tomaron su nombre como su apodo gobernante. A pesar de estas inclusiones, nunca alcanzó el nivel de poder que sus padres, Tarhunt y Arinna, poseían. Sin embargo, fue el más importante de sus hijos y jugó un papel importante en varios mitos.

La leyenda más famosa cuenta la historia de cuando Telipinu se durmió y su poder desapareció del mundo. Según los artefactos traducidos:

La niebla se apoderó de las ventanas. El humo se apoderó de la casa. En la chimenea los troncos fueron sofocados. En los altares los dioses fueron sofocados. En el redil las ovejas fueron ahogadas. En el corral las vacas fueron sofocadas. Las ovejas rechazaron su cordero. La vaca rechazó a su ternero. Telipinu se fue y se llevó el grano, la fertilidad de los rebaños, el crecimiento, la abundancia y la saciedad al desierto, a la pradera y al páramo...[13]

Solo se despertó cuando Hannahannah envió una abeja para que lo picara y untara a Telipinu con miel. Desafortunadamente, esto solo enfureció al dios. Telipinu causó más destrucción y devastación en el mundo que su propia desaparición. Solo cesó cuando un sacerdote rezó para que su ira se alejara de los contenedores de bronce sin abrir del inframundo o cuando otro dios lo calmó y entregó su ira al guardián del inframundo.

Cultos y Sacerdotes: La Estructura de la Religión Hitita

Quedan pocas fuentes que ofrezcan un panorama detallado de las prácticas religiosas hititas, pero los estudiosos saben que los actores más importantes de la religión eran los cultos y los sacerdotes. Se destacaron por primera vez durante el Reino Antiguo y siguieron siendo considerados intermediarios entre el mundo de los humanos y el de los dioses hasta la caída de los hititas. A diferencia de muchas

---

[13] Beckman, Gary. "La Lengua es un Puente": Comunicación entre Humanos y Dioses en la Anatolia hitita" en *Archív Orientální*. Vol. 67. 1999.

otras religiones en la antigüedad, los hititas no siempre tenían ceremonias o festivales programados para épocas específicas del año, excluyendo algunas excepciones como la celebración de Telipinu. En su lugar, los sacerdotes realizaban ceremonias y rituales en tiempos de problemas o cuando el pueblo tenía preguntas. La mayoría de los festivales importantes tenían lugar a finales del otoño y principios de la primavera, cuando los agricultores responsables de la principal fuente de alimentos de los hititas esperaban apaciguar a los dioses a cambio de una buena cosecha y una buena temporada de siembra.

Cuando se hacían los rituales, eran generalmente nigrománticos e implicaban fosas gigantescas, hechas por el hombre. Las fosas se usaban para comunicarse con los dioses del inframundo para tratar de llevarlos al mundo de los vivos para hacer preguntas y resolver problemas. Fuera de los pozos, los cultos religiosos dominaban las principales ciudades y veneraban a una deidad en concreto a través de la oración y el culto diarios. En particular, la ciudad de Arinna, que adoraba a la diosa del sol.

Debido a que no existían normas nacionales sobre cómo se debía realizar el culto, las tradiciones y festivales locales variaban en todo el reino hitita. El rey y la reina asistían regularmente a los eventos en el territorio vecino a su hogar, ya que servían como el sacerdote y la sacerdotisa principal de los dioses. Las celebraciones a las que asistían tenían cierta regularidad, pero no la misma cantidad que se esperaría en una religión diferente, como la adoración de los dioses egipcios. Por ejemplo, no se celebraban en la misma época del mes.

Los hititas tenían una relación casi simbiótica con sus deidades. Era cierto que los hititas necesitaban mostrar reverencia y respeto a los dioses, pero estos mismos dioses tenían sus propias obligaciones. Cuando eran adorados adecuadamente, los dioses necesitaban cumplir con sus deberes estándar en el mundo. Para Tarhunt, esto sería traer tormentas. Arinna controlaría los cielos y haría salir el sol. Y Telipinu permitiría que los cultivos crecieran y prosperaran. A cambio de todos estos beneficios, los hititas necesitaban hornear panes especiales, sacrificar animales, celebrar festivales, y de otra manera pagar tributo a los dioses.

Hay registros de esta relación, incluyendo una cita del rey Mursili II, quien suplicó a los dioses cuando los hititas luchaban contra el hambre y la escasez de recursos. La idea detrás de la súplica era que los hititas cumplieran sus obligaciones con los dioses, pero los dioses no seguían su propia mitad del acuerdo. El tono general es que los hititas están siendo perjudicados por la inacción divina.

Toda la tierra de Hatti se está muriendo, por lo que nadie prepara el pan de sacrificio y la libación para ustedes (los dioses). Los aradores que trabajaban los campos de los dioses han muerto, así que ya nadie trabaja o cosecha los campos de los dioses. Las molineras que solían preparar los panes de sacrificio de los dioses han muerto, así que ya no hacen los panes de sacrificio. En cuanto al corral y el redil de donde se solían sacrificar las ofrendas de ovejas y vacas, los pastores y vaqueros han muerto, y el corral y el redil están vacíos. Así que sucede que los panes de sacrificio, libaciones y sacrificios de animales fueron interrumpidos. ¡Y ustedes vienen a nosotros, oh dioses, y nos consideran culpables en este asunto![4]

Este alegato muestra varios elementos cruciales de la relación de los hititas con sus deidades. En particular, existe la idea de que los dioses no tienen derecho a tratar mal a los hititas cuando el culto se lleva a cabo correctamente. A pesar del tono servil, el rey Mursili II afirma claramente que los dioses no pueden enojarse por no recibir libaciones o sacrificios cuando es a través de sus acciones que los hititas sufren hasta el punto de no poder proveer. Una mano necesitaba lavar la otra o ambas sufrían.

Sin embargo, esto no significaba que los hititas fueran adoradores formales. Debido a que no había una estructura religiosa o tiempos establecidos para los festivales, mucha gente hablaba con los dioses informalmente. También era común hacer una petición directa a una deidad sin ningún tipo de sacrificio o libación. Una vez más, el equilibrio entre lo mortal y lo divino era el aspecto más importante de la relación de los hititas con los dioses.

---

[14] Beckman, Gary. "La religión de los hititas", el arqueólogo bíblico 52.2/3, (Junio - Septiembre 1989:98-108) señalando E. Laroche, Catalogue des textes hittites 1971, y K. Bittel, Hattusa, la capital de los hititas, 1970.

Conclusión – ¿Por qué son los hititas importantes?

A diferencia de muchas otras civilizaciones antiguas, poca gente sabe acerca de los hititas, especialmente en comparación con sus primos más populares como los egipcios, asirios y babilonios. Sin embargo, siguen siendo una de las culturas y sociedades más influyentes que han salido de Anatolia. Fueron en diversos momentos una potencia, un influyente de la religión, y un auténtico conquistador capaz de llegar hasta Egipto. Su legado es poderoso y duradero.

Los hititas fueron una de las primeras y únicas civilizaciones de la Edad de Bronce en practicar la diplomacia y el arte del tratado de paz. Al capturar nuevos territorios, incorporaron a la gente tanto como les fue posible. Su cultura, estructura social y religión incluía elementos de todos los grupos que tocaban, incluso aquellos cuyo territorio tomaban. Los gobernantes se volvieron cada vez más justos y frecuentemente enfatizaron la importancia de desarrollar buenas relaciones fronterizas con los reinos y estados vecinos.

Los hititas también proporcionan un excelente ejemplo de leyes más humanas, especialmente cuando sustituyeron sus violentos y estrictos castigos por otros que normalmente implicaban multas. Sin la práctica hitita de la incorporación y sus registros, los historiadores y arqueólogos no podrían reconstruir los antecedentes de Anatolia como lo hacen hoy en día, y muchas personas modernas no sabrían cómo se desarrolló su país o su pueblo a lo largo de la Edad de Bronce, que fue un período decisivo para el lenguaje y la tecnología.

En muchos sentidos, los hititas han llegado a representar el poder de los historiadores, arqueólogos, lingüistas, antropólogos y otros estudiosos durante los siglos XX y XXI. Eran una civilización completamente desconocida, con solo unos pocos registros y referencias bíblicas a su nombre antes de que la gente empezara a descubrir ciudades, tablillas de arcilla e incluso bibliotecas enteras de registros. A partir de ahí, los eruditos fueron capaces de recuperar la historia de todo un imperio en un siglo, una proeza digna de mención.

En general, los hititas pueden recordar al público contemporáneo cómo los grandes imperios no permanecen aislados, sino que se basan en las culturas y sociedades que les rodean. Sin comercio, sincretismo y sin alianzas, ninguna civilización puede durar, incluso en tiempos modernos.

Vea más libros escritos por Captivating History

www.ingramcontent.com/pod-product-compliance
Lightning Source LLC
LaVergne TN
LVHW091935070526
838200LV00069B/1772